TRAHIE

DU MÊME AUTEUR
CHEZ LE MÊME ÉDITEUR

Danielle Steel

TRAHIE

Roman

*Traduit de l'anglais (Etats-Unis)
par Florence Bertrand*

PRESSES
DE LA CITÉ

Titre original : *Betrayal*

© Danielle Steel, 2012
Tous droits réservés, incluant tous les droits de reproduction d'une partie ou de toute l'œuvre sur tous types de supports
© Presses de la Cité, 2013 pour la traduction française
ISBN 978-2-258-09374-4

Presses
de la Cité   un département **place des éditeurs**

place
des
éditeurs

A mes enfants bien-aimés,
Beatrix, Trevor, Todd, Nick, Sam,
Victoria, Vanessa, Maxx et Zara,

Que votre confiance ne soit jamais trahie,
Que votre cœur soit toujours traité avec tendresse et respect,
Et que l'amour donné vous soit dix fois rendu.

De tout mon cœur et avec toute mon affection,
Maman/d.s.

« Chaque perte apporte un gain
Tout comme chaque gain apporte une perte,
Et avec chaque fin
Vient un nouveau commencement. »

Proverbe bouddhiste

1

Deux hommes étaient étendus, immobiles sous le soleil brûlant du désert, victimes de l'énorme explosion qui avait retenti un peu plus tôt. Bien qu'ils aient appartenu à deux camps ennemis, l'un tenait maintenant la main de l'autre, qui se vidait de son sang. Ils échangèrent un regard, et le blessé rendit l'âme. Le claquement sec d'une détonation s'éleva alors dans l'air. Sous les yeux du survivant terrifié, un tireur surgit de nulle part.

— Coupez ! cria une voix au milieu du silence. C'est dans la boîte !

En quelques secondes, ce fut l'effervescence. Le mort se releva, un flot d'hémoglobine dégoulinant le long de son cou. Un assistant de production se précipita pour lui offrir une boisson fraîche, qu'il accepta avec reconnaissance. L'autre comédien quitta le plateau en direction de la cantine installée à proximité.

Parmi les bavardages, les cris et les rires, une jeune femme grande et mince, très souriante, vêtue d'un débardeur troué et d'un short en jean qui s'effilochait, discutait avec l'équipe technique. Elle avait de beaux yeux verts, le teint hâlé et de longs cheveux blonds, qu'elle avait rassemblés en un chignon lâche. Elle attrapa la bouteille d'eau glacée qu'on lui tendait. « Ça va être la scène-clé du film », affirma-t-elle au chef caméraman et au preneur de son, alors que les gens allaient et venaient autour d'eux, s'assurant qu'elle était satisfaite. Tout s'était déroulé sans anicroche et un parfum de victoire flottait sur le plateau.

L'Homme des sables serait à n'en pas douter un succès, comme tous les longs-métrages que Tallie Jones avait réalisés jusqu'ici. A trente-neuf ans, elle avait déjà été sélectionnée deux fois pour les Oscars et avait décroché deux Golden Globes. Ses films battaient des records au box-office, car elle y mêlait habilement scènes d'action et moments d'émotion, avec juste assez de violence pour plaire aux hommes et de sensibilité pour séduire les femmes. Autrement dit, elle combinait le meilleur des deux genres et, comme Midas, transformait en or tout ce qu'elle touchait.

Aux anges, Tallie retourna à la caravane qui lui servait de bureau, son exemplaire écorné du scénario sous le bras. Perfectionniste, elle peaufinait sans cesse son travail. Ses collaborateurs disaient qu'elle était très autoritaire, mais les résultats obtenus en valaient la peine.

Consultant son BlackBerry, elle vit qu'elle avait deux messages de sa fille, étudiante en première année à l'université de New York. Maxine, qu'on surnommait Max, était aussi blonde et élancée que sa mère, qu'elle dépassait d'une tête. Quand elles sortaient ensemble, on les prenait parfois pour deux sœurs.

Passionnée de droit, Maxine n'était absolument pas tentée par une carrière cinématographique. Elle voulait être avocate comme son grand-père maternel, Sam Jones. Ce ténor du barreau avait épousé en secondes noces la mère de Tallie, de vingt-quatre ans sa cadette. Quand celle-ci avait été emportée par une leucémie, Tallie était encore au lycée et Sam l'avait alors élevée seul. Il était extrêmement fier d'elle, l'avait soutenue dans tous ses projets et restait très protecteur à son égard. Agé de quatre-vingt-cinq ans à présent, il souffrait d'arthrose et ne sortait plus que rarement. Aussi était-elle son lien avec le monde extérieur. Ils se téléphonaient chaque jour, et il aimait qu'elle lui raconte ses tournages.

Tallie était tombée amoureuse du septième art grâce à sa mère. Celle-ci avait rêvé d'être comédienne et lui avait communiqué sa passion, l'emmenant dès son plus jeune âge dans les salles obscures pour lui faire découvrir les classiques. Elle l'avait baptisée Tallulah en hommage à l'excentrique Tallulah Bankhead, qu'elle considérait comme l'actrice la plus sophistiquée du XXe siècle. Si Tallie n'avait jamais aimé ce prénom, qu'elle avait raccourci pour le rendre acceptable, elle avait en revanche adoré ces sorties avec sa mère et regrettait que cette dernière n'ait pas vécu assez longtemps pour être témoin de sa carrière.

Côté cœur, Tallie avait connu des hauts et des bas, ce qui n'était guère étonnant dans ce milieu, où les relations éphémères étaient monnaie courante. Elle affirmait qu'il était impossible de trouver un homme normal et honnête dans l'industrie du cinéma.

Le père de Maxine n'était pas de ce monde-là. C'était un séduisant cow-boy du Montana, que Tallie avait rencontré à l'université, en Californie. Enceinte à vingt ans, elle avait mis ses études entre parenthèses pour donner naissance au bébé. Sam avait insisté pour que les jeunes gens se marient, mais ils n'étaient guère plus que des enfants, et le père de Maxine était retourné dans le Montana avant même que sa fille ait six mois. Après leur divorce, Tallie avait tenté de maintenir le contact, cependant leurs vies étaient trop différentes : il était devenu un pro des rodéos, avait épousé une fille du Wyoming et eu trois autres enfants. En tout et pour tout, Maxine avait vu son père quatre fois dans sa vie. Il n'était pas malintentionné, seulement il n'avait créé aucun lien affectif avec elle et se contentait de lui envoyer chaque année une carte pour son anniversaire et, pour Noël, un cadeau glané pendant la saison des rodéos.

Tallie avait toujours eu pour règle de ne pas sortir avec un acteur quand elle était en tournage, mais elle avait fait une exception pour une star britannique qui lui avait tourné la tête. Elle avait trente ans et lui vingt-huit quand elle l'avait épousé sans réfléchir ; il l'avait trompée au grand jour six mois plus tard. Leur union avait duré onze mois au total, ils n'en avaient passé que trois ensemble, et Tallie avait dû débourser un million de dollars pour y mettre fin. Cet homme étant d'une cupidité effroyable, elle avait payé cher son erreur.

Après ce second divorce, elle était restée seule cinq ans durant, se consacrant à sa fille et à sa carrière. Sa rencontre avec Hunter Lloyd, un producteur en vue, avait été une agréable surprise. Hunt était un géant au cœur tendre, à qui on ne pouvait rien reprocher : il n'était ni menteur, ni volage, ni alcoolique. Il avait eu sa part de déboires conjugaux avec deux mariages qui s'étaient soldés par un échec et lui avaient coûté une fortune. Au bout d'un an, ayant laissé sa splendide propriété de Bel Air à son ex-femme, il était venu s'installer chez Tallie. Ils s'aimaient, et Maxine adorait Hunt, qui la traitait comme sa propre fille.

Ensemble, ils avaient eu encore plus de succès que séparément. Le premier film de Tallie produit par Hunt avait été un triomphe et celui qu'elle était en train d'achever semblait tout aussi prometteur. Tallie était heureuse, comblée par la relation solide, calme et enjouée qu'elle entretenait avec Hunt. Restée modeste en dépit de sa réussite, elle aimait mener une vie paisible. De toute manière, elle n'avait pas le temps de sortir, passant ses journées soit sur un plateau, soit à préparer un tournage, soit en post-production.

Elle avait pourtant débuté devant la caméra. A vingt et un ans, après la naissance de Maxine, elle avait été repérée par un agent de Hollywood dans un supermarché. Il lui avait obtenu un bout d'essai, suffisamment concluant pour qu'on lui offre un rôle, qu'elle avait accepté en mémoire de sa mère, sachant combien cela aurait compté à ses yeux. Elle était photogénique et s'en était bien tirée ; cependant, la profession d'actrice ne l'attirait pas, et les obligations sociales qu'un tel métier exigeait la tentaient encore moins. Au grand dam de son agent, elle avait refusé les nombreuses propositions qui avaient suivi. Seule

15

la mise en scène la passionnait. Aussi, quand elle retourna à l'université, ce fut pour s'inscrire dans un cursus de cinéma, où elle ne ménagea pas ses efforts. Son projet de fin d'études, un court-métrage intitulé *La Vérité sur les hommes et les femmes*, tourné avec des bouts de ficelle et financé avec l'aide de son père, avait fait parler d'elle et lancé sa carrière. Jamais elle n'avait eu le moindre regret d'être passée à la réalisation.

L'engouement du public et de la critique pour ses films lui avait très vite assuré une sécurité financière. Dix-sept ans plus tard, sa popularité était au plus haut ; elle comptait désormais parmi les metteurs en scène les plus cotés de Hollywood. Elle adorait son métier. Ce qu'elle n'aimait pas et n'aimerait jamais, en revanche, c'étaient les à-côtés : la célébrité, les médias, les premières, le feu des projecteurs. Si elle avait décidé de devenir réalisatrice, c'était pour donner vie à un script et diriger les acteurs. Tallie était une créatrice, une artiste, qui s'investissait entièrement dans ses projets. Elle refusait l'étiquette de star, préférait rester dans l'ombre, et n'en faisait pas mystère : son rôle consistait à mettre les autres en valeur.

La première fois qu'elle avait été sélectionnée pour les Golden Globes, elle était allée s'acheter une robe en catastrophe : elle ne possédait aucune tenue qui fût assez élégante pour une telle occasion. Elle ne portait que des vêtements confortables, en piteux état pour la plupart.

Le tournage en extérieur se déroulait non loin de Palm Springs. Tallie disposait d'une chambre d'hôtel sur place, mais, en général, elle s'efforçait de rentrer à Los Angeles le soir. Ou c'était Hunt qui venait la retrouver quand il pouvait se libérer.

Après avoir coincé trois crayons à papier et un stylo dans ses cheveux pour faire tenir son chignon, elle griffonna des indications sur son script et répondit à ses e-mails. Elle sortait de sa caravane pour aller visionner les rushs de la journée quand un nuage de poussière sur la route attira son attention.

Elle plissa les yeux afin de les protéger du soleil couchant, regardant l'étincelante Aston Martin métallisée approcher à vive allure. Le véhicule fit un arrêt plutôt brusque en arrivant à sa hauteur et la conductrice en descendit à la hâte, sa crinière blonde ébouriffée par le vent. Vêtue d'une minijupe très sexy qui révélait des jambes interminables, portant un énorme bracelet turquoise, des boucles d'oreilles en diamant et des talons vertigineux, elle semblait tout droit sortie d'un film.

— Zut, ne me dis pas que j'ai raté la dernière prise ! s'écria-t-elle, l'air contrariée.

— Si, mais ça s'est super bien passé, répondit Tallie en souriant. Tu peux venir regarder les rushs avec moi.

Brigitte Parker parut soulagée.

— Je suis désolée d'être en retard, il y avait une circulation dingue. J'ai été bloquée deux fois pendant une demi-heure.

La jeune femme avait tout d'une star. Avec ses talons aiguilles, elle était plus grande que Tallie. Depuis son maquillage impeccable jusqu'à sa tenue qui épousait à la perfection les courbes de son corps, chaque détail était choisi pour attirer les regards. Elle n'hésitait pas non plus à recourir à la chirurgie esthétique : elle s'était fait faire un lifting autour des yeux, était fière de ses implants, se faisait injecter du Botox pour lisser les rides de son front, du collagène pour rendre ses lèvres plus pulpeuses, et fréquentait assidûment la salle de sport la plus courue de Hollywood.

Tallie, elle, ne se souciait aucunement de son apparence, aussi étrange que cela puisse paraître dans ce milieu. Elle respirait le naturel, avec ses cheveux en désordre, ses baskets montantes, ses jeans et ses tee-shirts troués qui lui donnaient l'allure d'une étudiante. Les deux femmes, chacune à sa manière, paraissaient dix ans de moins que leur âge.

Elles s'étaient rencontrées à la fac. A l'époque, Brigitte n'avait qu'une envie, devenir actrice, même si elle n'était pas obligée de gagner sa vie, puisqu'elle appartenait à la haute société de San Francisco. Comme Tallie, elle avait perdu sa mère très tôt. Son père s'était remarié peu après avec une femme bien plus jeune, et la perspective de vivre avec sa « marâtre », comme elle l'appelait, l'avait poussée à s'installer à Los Angeles. Tallie l'avait engagée en tant qu'assistante sur son premier tournage et avait été tellement impressionnée par son sens de l'organisation et son efficacité qu'elle l'avait sollicitée pour le suivant.

En fin de compte, Brigitte avait renoncé à son rêve d'être comédienne pour devenir son bras droit. Elle aimait à dire qu'elle recevrait volontiers une balle à sa place. Elle tirait une grande fierté de son travail : aucune tâche n'était trop difficile, trop exigeante, trop prenante ou trop insignifiante à ses yeux. Par certains côtés, il y avait chez Tallie tant de naïveté et de simplicité qu'elle avait besoin de quelqu'un comme Brigitte pour lui servir de bouclier. Celle-ci s'épanouissait dans ce rôle, la protégeait résolument de la presse et du reste, et la représentait à l'extérieur, la laissant libre de se consacrer à son travail ou à sa fille. Leur arrangement fonctionnait à merveille. Elles passaient tant de temps ensemble qu'elles étaient devenues de vraies amies.

Elles partirent en direction de la caravane technique, Tallie parlant avec animation des prises de la journée tandis que Brigitte marchait à petits pas maniérés sur le chemin inégal.

— Tu devrais t'acheter une paire de chaussures correcte, la taquina Tallie avec un sourire.

Le sujet revenait souvent, mais Brigitte n'avait jamais renoncé pour autant à ses talons aiguilles.

— Des Converse, comme toi ? répliqua-t-elle en gloussant.

De préférence, Tallie les portait déchirées, tachées et criblées de trous. L'élégance était vraiment le cadet de ses soucis. Heureusement, Hunt s'en moquait lui aussi. Certes, il était plus mondain qu'elle à cause de son métier, mais il l'aimait telle qu'elle était, toujours ravi de la retrouver, étendue par terre ou sur le canapé, plongée dans un script. Qu'elle prenne ou non la peine de se coiffer lui était indifférent. Son style décontracté faisait partie de son charme, et ce qu'il admirait le plus chez elle, c'était son intelligence et sa créativité.

Les jeunes femmes regardèrent les rushs. Silencieuse et concentrée, à l'affût du moindre détail,

Tallie interrompit le visionnage plusieurs fois pour faire part de ses remarques aux monteurs qui travailleraient sur les images en postproduction. Son œil saisissait des nuances qui échappaient aux autres. Elle n'était pas devenue une cinéaste hors pair sans raison. Il était sept heures passées quand elle regagna sa caravane, après une longue discussion avec l'assistant réalisateur. Elle était fatiguée mais contente.

— Tu rentres à la maison, ce soir ? s'enquit Brigitte.

Celle-ci gardait en permanence un sac de voyage dans le coffre de sa voiture au cas où Tallie lui demanderait de rester. Toujours disponible, elle ne voyait aucun inconvénient à reléguer ses propres projets au second plan. C'était là une des nombreuses qualités qui la rendaient irremplaçable. Hunt disait à Tallie qu'elle avait trouvé la perle rare.

— Je ne sais pas. Tu as vu mon cher et tendre avant de partir ?

Tallie avait envie de le retrouver, même si elle savait qu'elle ne serait pas de retour en ville avant neuf ou dix heures et qu'elle devrait se coucher tôt pour être debout à quatre heures le lendemain matin.

— Oui. Il a dit qu'il te préparerait à dîner si tu rentrais ou qu'il viendrait te rejoindre. J'ai promis de le tenir au courant.

Tallie n'hésita qu'un instant. Tant pis s'ils ne passaient que deux heures ensemble ! Elle aimait être chez elle, et Hunt était un cordon-bleu.

— Je préfère rentrer, je crois.

— Je vais conduire, alors. Tu pourras dormir en route.

La journée avait été longue, comme toujours lorsqu'ils tournaient en extérieur.

— Merci.

Elle attrapa son sac à main, en réalité une vieille sacoche de plombier dénichée dans un vide-greniers quelques mois plus tôt. Un fourre-tout parfait pour les scripts et cahiers qu'elle emportait partout et qu'elle ouvrait dès qu'elle avait un moment. Elle prenait constamment des notes, que ce soit pour le film en cours, le suivant, ou en vue de projets futurs. Une foule d'idées se pressaient dans sa tête.

Comme convenu, Brigitte envoya un texto à Hunt pour l'avertir de leur retour. Ce jour-là, elle avait passé des dizaines de coups de téléphone, s'était occupée d'une multitude de courses, avait commandé des livres de droit pour Maxine à New York et réglé des factures. Elle travaillait dur, mais son assiduité était récompensée. Chaque fois qu'elle s'extasiait devant un ensemble, une veste de fourrure ou un bijou dans un magasin, on lui en faisait cadeau. Bijoutiers et couturiers espéraient ce faisant inciter Tallie à porter leurs créations. Celle-ci cependant préférait mille fois en faire profiter son amie. C'est ainsi que Brigitte avait obtenu un rabais important sur l'Aston Martin. Issue d'une famille riche, elle n'avait pas besoin de telles faveurs, néanmoins elle les appréciait et se félicitait de ne pas avoir à solliciter financièrement son père. Et grâce à l'héritage laissé par sa mère, elle avait pu acheter une maison splendide avec piscine dans les collines de Hollywood. Un magnifique investissement, car la propriété avait plus que doublé de valeur depuis. Entre ses biens propres, le salaire généreux que lui versait Tallie et le flot continu de cadeaux et de privilèges dont elle bénéficiait, Brigitte menait la belle vie.

En revanche, elle n'avait guère de relations avec sa famille, à qui elle rendait rarement visite et dont elle ne manquait jamais de se plaindre à son retour. Elle trouvait San Francisco ennuyeux, détestait sa belle-mère et reprochait à son père de l'avoir épousée. Au fond, Tallie était sa famille, la seule qui comptât à ses yeux, et c'était réciproque : Brigitte était comme la sœur que Tallie n'avait pas eue, et une tante adoptive bienveillante pour Maxine, qui l'adorait et lui racontait tout, surtout lorsque sa mère était en tournage.

Tallie monta dans la voiture côté passager, boucla sa ceinture et se laissa aller contre le dossier. Elle était sur le plateau depuis cinq heures du matin et se rendit brusquement compte de son épuisement. Elle tira pourtant de sa sacoche les dernières modifications du script avec l'intention de les lire pendant le trajet.

— Si tu te reposais un peu ? suggéra Brigitte. Tu as l'air exténuée. Tu n'auras qu'à y jeter un coup d'œil demain matin, je te ramènerai.

— Merci, dit Tallie avec reconnaissance.

Elle se prit à espérer ne jamais avoir à se passer de Brigitte ; elle ne pouvait imaginer sa vie professionnelle sans elle. Son amie disait en plaisantant qu'elles vieilliraient ensemble. Elle jurait qu'elle ne la quitterait pas, qu'elle n'avait jamais été tentée de changer de métier ou d'accepter un poste similaire ailleurs, alors que les propositions ne manquaient pas. Et elle ne tarissait pas d'éloges sur son travail et son employeur.

Tallie surprit son reflet dans le miroir du pare-soleil et éclata de rire.

— On dirait que tu as ramassé une auto-stoppeuse. J'ai une tête à faire peur, non ?

— Oui, c'est vrai, confirma Brigitte en lui jetant un coup d'œil amusé. Tu devrais peut-être essayer de te peigner de temps en temps.

Brigitte, qui dernièrement s'était fait poser des extensions, était toujours impeccablement coiffée. Impossible pour elle de se présenter autrement que tirée à quatre épingles. A la décharge de Tallie, son activité était plus physique : elle devait régulièrement grimper sur une échelle ou monter dans une nacelle pour avoir une meilleure vision d'ensemble du plateau. Des heures durant, elle restait assise en plein soleil sans prendre la peine de se badigeonner d'écran total, et ce, en dépit des avertissements de Brigitte, qui lui disait qu'elle finirait toute ridée. Elle ne rechignait pas à se mettre à genoux derrière une caméra ou à s'allonger dans la poussière pour mieux estimer une prise de vues. Pourtant, même échevelée, elle était belle : elle brillait d'un éclat naturel, qui venait de l'intérieur.

— Merci de me ramener, répéta Tallie en bâillant.

— Ferme les yeux, ordonna Brigitte.

Tallie s'exécuta avec un sourire paisible. Cinq minutes plus tard, quand Brigitte s'engagea sur l'autoroute en direction de Los Angeles, elle dormait à poings fermés.

2

— On y est, murmura Brigitte doucement, alors qu'elles arrivaient à Bel Air.

Tallie n'aimait pas le luxe ostentatoire. Sa maison, où régnait une atmosphère ordonnée, était aménagée de manière moderne et sobre. Elle avait aussi une propriété à Malibu – où elle se rendait rarement –, un appartement à New York – où vivait Maxine – et un second à Paris, qu'elle avait acheté après son premier gros succès, car elle en avait toujours rêvé. Elle n'y était pas allée depuis deux ans, faute de temps, mais le prêtait volontiers à ses amis. Brigitte y avait récemment passé une semaine pendant que Tallie faisait des repérages en Afrique.

— Ouah ! J'ai dormi tout le long du trajet ! s'étonna-t-elle en souriant.

Sa sieste l'avait revigorée, même si, l'espace d'une seconde, elle s'était sentie désorientée en se réveillant. Le script était resté sur ses genoux. Brigitte avait raison, elle le lirait le lendemain matin.

— Hunt m'a envoyé un texto. Ton dîner est prêt. Tu as de la chance !

— Oui, c'est vrai.

Cependant, elles savaient l'une et l'autre que Brigitte n'aurait jamais désiré une vie de couple classique comme celle de Hunt et Tallie. Très attachée à sa liberté, elle préférait les aventures sans lendemain, souvent avec des hommes plus jeunes qu'elle, notamment des acteurs rencontrés sur le tournage des films de Tallie. Elle avait un faible pour les mauvais garçons, mais ne les fréquentait heureusement pas assez longtemps pour leur donner la possibilité de mal se conduire. Le film terminé, chacun s'en allait de son côté ; cet arrangement lui convenait parfaitement.

— Je passe te chercher à quatre heures et demie demain matin, ajouta Brigitte.

La nuit serait courte, mais Tallie tenait à être sur le plateau à six heures.

Elle adressa un signe d'adieu à son amie et se dirigea vers la maison. La porte s'ouvrit avant même qu'elle ait eu le temps de glisser sa clé dans la serrure. Un homme séduisant et bien bâti, à la barbe et aux cheveux bruns, l'accueillit par un tendre baiser.

Brigitte, de son côté, rentra chez elle, où Tommy, son amant du moment, l'attendait, nu dans la piscine. Il avait vingt-six ans.

— Eh bien, voilà un agréable spectacle, approuva-t-elle en souriant.

Elle fit glisser sa jupe et resta un instant devant lui en string et talons hauts, puis retira son chemisier et dégrafa son soutien-gorge, révélant des seins qui devaient beaucoup à la chirurgie esthétique, somptueux à la lumière des projecteurs. Le jeune acteur les contempla avec gourmandise.

— Tu viens ?

Il savourait la perspective de leur nuit ensemble. Leur liaison avait commencé six semaines plus tôt, au tout début du tournage. Aucune promesse n'avait été échangée et il n'en était pas question. Ils n'avaient ni l'un ni l'autre envie d'une relation sérieuse ; ils désiraient passer du bon temps ensemble, rien de plus.

Brigitte plongea dans l'eau tiède et émergea entre ses jambes. Tommy éclata de rire. Il avait une chance extraordinaire d'avoir rencontré cette femme si sexy, qui avait toute la confiance de Tallie Jones. Il espérait bien qu'elle l'aiderait à décrocher un rôle plus important dans un prochain film de la réalisatrice. Si elle ne s'était engagée à rien, Brigitte avait laissé entendre que c'était une possibilité. La seule condition : ne jamais dire du mal de sa patronne. Sa loyauté envers elle était totale. Quoi qu'il en soit, il s'amusait comme un fou avec Brigitte. Elle était fantastique au lit.

Tallie déposa ses affaires sur une chaise et accepta avec reconnaissance le verre de vin que Hunt lui tendait. Une odeur appétissante s'échappait de la cuisine. Ils allèrent s'asseoir sur la terrasse en bois, heureux de se retrouver.

Hunt était facile à vivre. Depuis quatre ans qu'ils habitaient sous le même toit, ils ne s'étaient disputés que très rarement et il ne l'avait jamais déçue.

— La journée a été bonne ? demanda-t-il en retirant son tablier.

Âgé de quarante-cinq ans, il demeurait très bel homme, en dépit d'un début d'embonpoint dû à son amour pour la bonne chère.

— Excellente, répondit-elle avec un sourire. Quand viens-tu à Palm Springs ?

— Pas demain, j'ai des rendez-vous. Peut-être après-demain. Comment s'est passée la scène de la mort ?

Il essayait de suivre les changements intervenant dans le script, toujours nombreux avec Tallie, qui n'hésitait pas à tout revoir au fur et à mesure du tournage. Sensible à la véracité des dialogues, elle permettait aux acteurs qui le souhaitaient d'y apporter leur contribution, avec parfois des résultats époustouflants.

— Vraiment bien, dit Tallie avec satisfaction. Je meurs de faim ! Qu'est-ce qu'on mange ?

La cuisine était une passion chez Hunt. Il préparait notamment des plats français et mexicains très appréciés de leurs convives. Avec lui, le repas était toujours une surprise agréable, et ce soir-là ne fit pas exception. Ils dînèrent sur la terrasse en dégustant une bouteille de corton-charlemagne, le vin blanc préféré de Tallie. Tout était mieux qu'au restaurant. Non seulement ils étaient seuls, mais encore Tallie n'était-elle pas obligée de s'habiller ni même de se coiffer.

Hunt travaillait dur sur la production de leur prochain film, qui serait tourné en Italie. Il comptait passer une bonne partie du temps avec Tallie sur place, aussi avaient-ils prévu de louer une villa en Toscane pour la durée du tournage. Il songeait déjà au casting. Trouver des fonds pour un film de Tallie Jones ne présentait pas de trop grandes difficultés, mais il fallait tout de même que les conditions conviennent à chacun. Aussi méticuleux, aussi per-

28

fectionniste que Tallie, Hunt maîtrisait parfaitement cet aspect des choses. Pour ce projet, il avait obtenu l'appui d'un important businessman japonais.

— Je crois que tout est réglé, conclut-il à ce propos, alors qu'ils débarrassaient la table.

Elle le remercia d'un baiser.

— La seule chose que Nakamura demande, c'est un audit de nos comptes personnels. Je suppose qu'il veut être sûr que nous sommes solvables et que nous n'allons pas nous enfuir avec son argent, plaisanta-t-il. Ça ne t'ennuie pas ?

— Bien sûr que non ! Je dirai à Victor Carson de lui transmettre les documents nécessaires.

— Il a engagé un cabinet comptable indépendant, très sélect, géré par deux anciens du FBI. J'ai entendu dire qu'ils étaient extrêmement rigoureux. J'imagine qu'ainsi tout le monde sera content. Ensuite, nous pourrons boucler le projet.

Hunt s'était entretenu avec les agents des acteurs pressentis et, dès que la question des fonds serait réglée, il pourrait commencer à signer les contrats.

— Je demanderai à Brigitte d'appeler Victor demain, promit Tallie en éteignant la lumière de la cuisine.

Ils montèrent ensemble dans leur vaste chambre équipée d'un écran de cinéma. Ils adoraient regarder des films au lit. Ce soir, cependant, c'était hors de question. Il était minuit passé et Tallie devait se lever dans quatre heures. En période de tournage, elle était habituée à se contenter de peu de sommeil.

Elle aurait bien aimé téléphoner à Maxine, mais il était trop tard à New York, si bien qu'elle remit ce projet au lendemain.

— Au fait, annonça Hunt, ton père a appelé juste avant ton retour. Il a des examens médicaux demain. Rien de grave, rassure-toi, la routine. Il voulait savoir si tu étais libre pour l'accompagner, mais je lui ai dit que tu travaillais.

— Je peux demander à Brigitte de l'emmener, ou bien à Amelia, son employée de maison, fit-elle, songeuse.

— Je me suis proposé, répondit Hunt d'un ton apaisant. Ça ne me pose aucun problème et ton père est d'accord.

— Tu es adorable, soupira-t-elle en nouant les bras autour de son cou.

Il l'attira contre lui.

— Non, je t'aime, c'est tout. Merci d'être rentrée à la maison ce soir.

— Merci de m'avoir préparé à dîner. Tu es sûr que tu ne veux pas venir à Palm Springs demain ? insista-t-elle.

Ils auraient plus de temps à se consacrer là-bas, sans compter que l'hôtel, équipé d'un spa fantastique, était propice à la relaxation.

— Désolé, mais il y a certains détails que je dois absolument régler dans la journée et j'ai un rendez-vous en soirée. Pourquoi ne restes-tu pas là-bas la nuit prochaine, pour t'éviter le long trajet jusqu'ici, et je viendrai te rejoindre après-demain ?

— C'est d'accord.

Tallie alla prendre une douche puis rejoignit Hunt, déjà couché, quelques minutes plus tard. Elle se pelotonna contre lui tandis qu'il l'embrassait, savourant son bonheur.

— Tu me manques quand tu tournes en extérieur, murmura-t-il.

Elle lui rendit son baiser avec passion. Elle avait déjà tourné des films en pleine jungle ou dans un village d'Afrique. Une fois, elle s'était retrouvée au beau milieu d'une guerre civile. En comparaison, Palm Springs avait tout du paradis, et elle n'était qu'à deux heures de la maison. De toute façon, les scènes en extérieur seraient bientôt terminées, et il suffisait que Hunt vienne passer la nuit avec elle pour qu'elle se sente presque en vacances.

— Toi aussi, tu me manques, souffla-t-elle.

Ils s'étreignirent, et elle oublia tout sauf lui.

Après l'amour, ils bavardèrent quelques minutes, étroitement enlacés. Tallie luttait contre le sommeil. Envahie par une délicieuse sensation de plénitude, elle s'endormit pendant que Hunt lui caressait tendrement les cheveux.

3

Le lendemain matin, à quatre heures et demie, Brigitte se garait devant la maison de Tallie. Elle était toujours ponctuelle, même si elle avait fait la fête la nuit précédente.

Elle envoya un texto à Tallie pour l'avertir de sa présence, et celle-ci sortit de la maison pieds nus, ses chaussures à la main, refermant la porte sans bruit avant de se hâter vers l'Aston Martin. Elle avait les cheveux mouillés, et l'air encore plus négligée que la veille. Elle portait un short en jean usé jusqu'à la corde et un tee-shirt en lambeaux.

— Tu l'as payé une fortune dans une boutique branchée ? demanda Brigitte, fascinée, en désignant le haut. Ou tu l'as déniché dans un magasin de fripes ?

Certains couturiers se plaisaient à abîmer leurs vêtements pour leur donner un look. Maxine en achetait régulièrement chez Maxfield.

— Ni l'un ni l'autre, répondit Tallie. Hunt l'avait mis à la poubelle, mais je déteste le gaspillage. Il peut encore servir.

Elle semblait contente d'elle.

— Comme quoi ? Chiffon pour laver les voitures ? lâcha Brigitte en riant. Tu es la seule femme que je connaisse qui gagne autant d'argent et qui s'habille dans les poubelles.

— Si je t'avais répondu qu'il venait de chez Maxfield, tu aurais pensé qu'il était du dernier chic, non ?

— Evidemment ! répondit Brigitte sans hésiter.

— Bon, alors, fais comme si !

Tallie s'intéressait à ce qu'elle avait dans la tête, et non sur le dos, contrairement à la plupart des femmes de sa connaissance. Brigitte, notamment, dépensait le plus clair de son salaire en bijoux et en vêtements sous le prétexte qu'elle se devait d'être impeccable pour la représenter.

Tallie appela sa fille durant le trajet. Celle-ci s'apprêtait à partir à la fac, mais elles eurent le temps d'échanger quelques mots. Maxine voulait savoir comment le film progressait.

— Nous sommes dans les temps, ou presque, et donc de retour à Los Angeles dans deux ou trois semaines. Ça va, toi ? Les cours te plaisent ?

— Oui, oui. J'ai rencontré un garçon à la bibliothèque la semaine dernière, qui a l'air plutôt cool. Il est en prépa médecine.

Ce genre de nouvelles avait tendance à inquiéter Tallie, qui, lorsqu'elle était tombée enceinte, n'avait que deux ans de plus que sa fille aujourd'hui. Elle s'efforçait de se rassurer en se disant que Maxine était moins naïve qu'elle au même âge. Et puis, elle ne pouvait s'empêcher de penser que, si elle n'avait pas perdu sa propre mère à l'adolescence, les choses se seraient passées différemment. En dépit du soutien de son père, le manque de conseils maternels l'avait laissée démunie.

Elle était sûre aussi que sa mère n'aurait pas insisté pour qu'elle se marie. Cette relation avait été une grosse erreur, excepté – et elle en remerciait le ciel tous les jours – qu'elle avait donné naissance à un bébé adorable, devenu une adolescente puis une jeune adulte fantastique, qui ne lui avait jamais causé le moindre souci.

Tallie se félicitait que sa fille aspire à devenir avocate comme son grand-père. Le monde du cinéma était trop dur, et rempli de gens instables qui vivaient en dehors de la réalité. Elle n'avait pas encouragé Maxine à fréquenter les enfants de stars, même si elle en avait côtoyé plusieurs à l'école. Par chance, sa fille avait la tête sur les épaules et semblait avoir le don d'attirer à elle des jeunes sympathiques et sans histoire.

Après avoir raccroché, Tallie se souvint de l'audit que réclamait l'investisseur japonais. Elle pria Brigitte d'en informer Victor Carson, afin qu'il coopère pleinement avec les représentants de l'homme d'affaires.

— Voilà au moins un travail dont tu n'auras pas à te charger, ajouta Tallie en sortant son script d'un air détendu.

— Je donnerai un coup de main à Victor s'il a besoin de moi.

Par souci d'efficacité, les deux femmes avaient ouvert un compte joint, que Brigitte utilisait pour régler les dépenses courantes. Tallie n'avait à s'inquiéter d'aucun détail pratique. Brigitte se chargeait également de tous les arrangements concernant Maxine et l'appartement de New York. Douée pour les chiffres, elle tenait des comptes rigoureux et conservait scrupuleusement les factures et reçus.

Victor et elle s'entendaient bien, et Tallie comptait sur eux pour garder sa vie financière en ordre. Avec Brigitte aux commandes, elle savait que tout marchait comme sur des roulettes.

Tallie se mit à parcourir les derniers changements apportés au script, ainsi que d'autres modifications qui avaient été faxées à Brigitte la veille au soir. Elle passa chaque remaniement en vue et prit d'abondantes notes, soucieuse du moindre détail.

— Qu'est-ce que tu as fait hier soir ? demanda-t-elle à son assistante alors que Palm Springs était en vue.

— Pas grand-chose. J'ai pris un bain, j'ai lu, répondu à quelques e-mails. Je suis allée me coucher de bonne heure. J'ai besoin de dormir pour rester belle.

Elle semblait un tantinet trop innocente, et Tallie sourit, se demandant qui était l'heureux élu. Sans doute un des jeunes acteurs ou figurants, comme d'habitude. Brigitte ne lui racontait jamais ses aventures. Parfois, Tallie en entendait parler par des membres de l'équipe, mais elle avait pour principe de ne rien demander et de ne pas faire de commentaires, jugeant que la vie privée de son employée ne la regardait pas. A partir du moment où Brigitte ne la mettait pas dans une situation délicate et n'accordait pas à ses protégés de faveurs déplacées, Tallie n'y voyait pas d'objection. Et son assistante était trop intelligente pour abuser de ses privilèges. En outre, ces liaisons ne duraient pas longtemps.

La journée fut aussi frénétique que la veille. Brigitte resta avec Tallie, lui apportant régulièrement des boissons chaudes ou fraîches, veillant à ce qu'elle avale un peu de nourriture. Si elle n'y prenait pas garde, Tallie négligeait de déjeuner, estimant qu'il y avait trop à faire pour s'accorder une pause.

Brigitte trouva aussi le temps de répondre à des e-mails et de contacter plusieurs personnes, dont Victor Carson, à qui elle parla de l'audit. Son travail terminé, elle regarda le tournage des dernières scènes. Au fil des années, elle avait beaucoup appris sur le cinéma et Tallie tenait souvent compte de ses opinions, car elle était fine observatrice et faisait des remarques pertinentes.

En fin d'après-midi, Tallie téléphona à Hunt. Il était en route pour son rendez-vous au Polo Lounge et lui raconta sa journée. Tallie appréciait qu'ils n'éprouvent pas le besoin d'être constamment ensemble. Leur couple était uni, mais ils menaient chacun leur vie propre, même s'ils avaient des projets en commun. Jamais Hunt ne se montrait nerveux ou jaloux quand elle s'absentait, et elle ne s'inquiétait pas davantage à son sujet. Au bout de quatre ans, ils se connaissaient par cœur et avaient une entière confiance l'un envers l'autre.

Contrairement à nombre d'hommes qu'elle avait fréquentés à Hollywood, Hunt était honnête, fidèle, solide. Il manquait de fantaisie, mais Tallie s'accommodait sans difficulté de son côté casanier. Elle ne cherchait pas un aventurier, mais un partenaire digne d'amour et de confiance. Sinon, pourquoi se donner la peine de construire une relation ? Elle était parvenue à cette conclusion des années plus tôt, après deux ou trois aventures dans lesquelles elle avait laissé des plumes.

Hunt informa Tallie que l'aller-retour à la clinique avec son père s'était déroulé sans anicroche, mais qu'il l'avait trouvé amaigri.

— Je sais, ça m'inquiète. Amelia se plaint qu'il ne mange pas assez.

— Je devrais lui mitonner des bons petits plats de temps à autre, dit-il, songeur.

— Comme si tu n'étais pas déjà assez occupé !

— Je peux trouver le temps. Ton père est formidable, tu sais. On a passé une super journée, ensemble. Je crois qu'il était un peu nerveux au moment de partir, mais mes blagues l'ont détendu. Du moins, il me l'a fait croire.

— Merci, murmura-t-elle, touchée.

Hunt était extrêmement attentionné, avec elle comme avec Maxine, avec qui il s'entendait à merveille. Cette dernière avait quatorze ans quand Tallie et lui avaient commencé à se fréquenter, et l'adolescente s'était d'abord montrée réservée à son égard, mais, un an plus tard, lorsque Hunt avait emménagé chez elles, Max l'avait accueilli sans problème. Même Sam, pourtant assez traditionnel, disait en plaisantant que Hunt était son gendre préféré.

Ce soir-là, Tallie resta à Palm Springs comme convenu et eut tout loisir de se détendre à l'hôtel. Après avoir longuement nagé à la piscine en compagnie de Brigitte, elle monta dans sa chambre, où son assistante avait réservé à son intention un massage. Elle l'apprécia tant qu'elle lui en offrit un en retour.

Elle était heureuse de n'avoir été confrontée à aucun écueil majeur sur le tournage : pas le moindre problème avec les assurances ou les investisseurs, pas l'ombre d'un conflit entre les acteurs. Personne n'était tombé malade, n'avait voulu résilier son contrat, et nul accident n'était à déplorer. Autant de contretemps classiques, qui pouvaient vite transformer un tournage en cauchemar.

Il est vrai que Tallie se donnait du mal en amont, préparant chaque étape du projet avec soin, s'efforçant de n'engager que des acteurs fiables et de régler les différentes clauses des contrats à l'avance. Hunt était brillant en la matière, d'où le succès de leurs productions en commun. Elle adorait travailler avec lui. Il était son meilleur producteur.

Victor Carson fixait la montagne de papiers, classeurs et tableaux sur son bureau. Cela faisait quinze ans qu'il s'occupait des finances de Tallie et, en dehors des détails gérés par Brigitte, son cabinet s'occupait de l'ensemble de sa comptabilité. Depuis quelques années, il supervisait aussi les impôts de Hunt, ainsi que ceux de Brigitte. Quand celle-ci lui avait téléphoné pour l'avertir que leur investisseur réclamait un audit, il avait réprimé un gémissement de désespoir. Voilà bien une corvée dont il aurait pu se passer ! Sa vie personnelle était suffisamment compliquée en ce moment pour qu'il n'ait pas besoin de problèmes supplémentaires au bureau.

Pourquoi diable l'homme d'affaires japonais exigeait-il un audit ? Victor n'avait nulle envie qu'une horde d'experts hostiles viennent fourrer leur nez dans ses archives. Les affaires de Tallie étaient en ordre, et Brigitte et lui travaillaient en bonne intelligence, mais un tel audit prendrait un temps fou, car il aurait à expliquer chaque entrée et chaque sortie dans les livres de comptes. Cette affaire tombait vraiment mal. Cependant, il se refusait à faire étalage de ses soucis conjugaux. Hors de question d'en parler à Hunt ou à Tallie.

Les femmes représentaient son talon d'Achille. Vingt ans auparavant, quand sa première épouse avait découvert qu'il avait une maîtresse en la personne d'un superbe mannequin italien, elle avait demandé le divorce et obtenu une fortune en guise de pension alimentaire.

Père de deux enfants déjà, il s'était remarié avec l'Italienne, qui, elle, avait eu des jumelles. Deux ans plus tard, elle le quittait pour un individu plus jeune que lui, le laissant sur la paille. En fin de compte, elle s'était envolée pour Paris, y avait épousé un autre homme, et Victor n'avait pas vu ses filles depuis dix-huit ans, même s'il avait versé une pension alimentaire à leur mère jusqu'à l'année précédente. Heureusement, ses aînés étaient désormais adultes et indépendants financièrement. Leur mère s'était remariée, mais, durant des années, il avait subvenu aux besoins de deux ex-femmes et de quatre enfants.

Récemment, des investissements malheureux lui avaient fait perdre des sommes considérables. Il veillait davantage aux intérêts de ses clients qu'aux siens propres, sans compter que, trois ans auparavant, il était tombé fou amoureux d'une jeune femme, qu'il avait épousée au terme d'un week-end de sexe débridé à Las Vegas. Celle-ci rêvait de devenir actrice, et il lui avait promis de faire jouer ses contacts à Hollywood pour lancer sa carrière. Cela s'était révélé moins facile qu'il ne l'avait cru, car Brianna était totalement dépourvue de talent. Ses bouts d'essai avaient été catastrophiques et le seul contrat qu'elle avait pu décrocher – mannequin présentant des maillots de bain dans des foires-expositions – n'était pas exactement à la hauteur de ses espérances.

Victor venait d'avoir soixante-cinq ans, Brianna en avait vingt-neuf et menaçait de divorcer s'il ne tenait pas sa promesse d'asseoir sa carrière dans le cinéma ou à la télévision.

Il y avait maintenant six mois qu'elle n'avait pas partagé son lit. La semaine précédente, elle avait une nouvelle fois parlé de le quitter. Victor en était malade. Si capricieuse fût-elle, elle apportait une bouffée d'air frais et de glamour dans sa vie autrement si morne, et il était fou d'elle. Brianna représentait le trophée idéal : il adorait sortir avec elle à son bras et sentir sur lui les regards envieux des autres hommes.

Il tenait donc coûte que coûte à la garder, mais, après ses récents déboires financiers, il parvenait à peine à garder la tête hors de l'eau. Brianna, constamment en colère contre lui, partageait ses journées entre le shopping et les séances de chirurgie esthétique et le harcelait pour qu'il lui donne plus d'argent. Elle s'était fait refaire ses implants, retendre la peau du ventre, rehausser les fesses, et liposucer les cuisses. Maintenant, elle voulait se rendre au Brésil pour y consulter un chirurgien plasticien qu'elle disait extraordinaire. Malgré tout, régler les dépenses exorbitantes de la jeune femme restait moins coûteux qu'un divorce. Sauf que Victor ne savait plus où trouver l'argent. Il avait l'impression d'être un magicien qui n'avait plus de lapins à sortir de son chapeau.

Bref, il était trop occupé à jongler avec ses propres finances pour se consacrer à l'audit de Tallie. Il venait de promettre à Brianna de l'emmener en Europe et, s'il se rétractait, elle le quitterait, il en était sûr. Ses enfants se réjouiraient de cette décision, mais lui serait anéanti.

Il était huit heures quand il rentra chez lui. Brianna l'attendait, ses emplettes du jour pas encore déballées au pied de l'escalier. Il cilla à la vue des noms familiers sur les sacs : Dolce & Gabbana, Roberto Cavalli, Neiman, Chanel. Le shopping était une activité qu'elle pratiquait à temps plein. Peut-être même était-ce la raison pour laquelle elle l'avait épousé. Victor Carson se doutait bien que ce n'était pas son sex-appeal qui l'avait fait fondre. Il avait perdu ses cheveux depuis longtemps, n'avait rien d'un apollon, et faisait largement son âge. Il parlait régulièrement de se mettre au régime, mais repoussait toujours cette bonne résolution au lendemain, et n'avait jamais mis les pieds dans une salle de sport.

Certains hommes rêvent de réussite, de voitures de luxe ou de vastes portefeuilles immobiliers. Victor, lui, ne demandait qu'une jolie jeune femme dans son lit. Cette faiblesse lui avait déjà coûté deux mariages et de lourdes dettes et il était bien parti pour continuer sur la même pente. A moins qu'il ne gagne au loto, il y avait peu de chances que Brianna reste avec lui.

— Tu es en retard, lui lança-t-elle d'un ton agacé.

— J'ai été très occupé aujourd'hui.

Surtout à essayer de trouver un moyen de payer tes factures, songea-t-il.

— Je veux sortir dîner, ajouta-t-elle, boudeuse.

Elle avait fait refaire ses lèvres pour ressembler à Angelina Jolie et sa moue était impressionnante.

Il s'abstint de lui avouer qu'il était épuisé et qu'il aurait préféré une soirée tranquille à la maison. Il ne lui avait jamais rien refusé et le moment lui semblait mal choisi pour commencer.

— Où voudrais-tu aller ?

— Chez M. Chow, annonça-t-elle, le regard brillant.

Elle adorait côtoyer les célébrités qui s'y bousculaient, passer devant les paparazzis agglutinés dehors. C'était un restaurant bruyant, branché, cher, où l'on mangeait toutefois très bien. Sans conteste l'endroit où il fallait aller pour voir et être vu.

— Très bien. Je vais téléphoner pour voir s'il est possible de réserver une table, dit-il à voix basse.

— C'est déjà fait, répondit-elle avec un grand sourire. Nous devons y être dans dix minutes. J'ai invité Carla et John à se joindre à nous.

Deux amis à elle, qui avaient le même âge et s'attendaient à ce qu'il soit leur papa gâteau à eux aussi. Les propres amis de Victor avaient disparu de son entourage depuis belle lurette. Les femmes comme Brianna mettaient leurs épouses mal à l'aise. Pour Victor, elles étaient jalouses, voilà tout. Jamais il ne lui venait à l'esprit que Brianna, dont les seuls sujets de conversation étaient la chirurgie esthétique et les potins glanés dans les magazines, ait pu leur paraître insupportable. Personnellement, il ne tenait guère à savoir qui, à Hollywood, venait de quitter son compagnon, qui couchait avec untel ou trompait tel autre, qui arborait le lifting ou les implants les plus réussis. Pourtant, en épousant Brianna – une opportuniste qui aurait pu être sa fille –, il prêtait le flanc aux ragots. S'il n'avait jusqu'ici jamais vu les choses sous cet angle, l'appétit insatiable de sa femme pour son argent commençait néanmoins à l'effrayer.

Les amis de Brianna étaient déjà attablés quand ils arrivèrent chez M. Chow. Carla et John avaient amené un autre couple que Victor n'avait jamais vu. Ils commandèrent des cocktails, des plats raffinés, deux bouteilles de vin hors de prix et du champagne avec le dessert. Victor sentait sa carte de crédit ployer sous le poids de la note, mais fut heureux de constater que Brianna paraissait contente. De retour chez eux, elle se plongea dans un bain moussant et le remercia pour la soirée, puis lui demanda quand était prévu leur voyage en Europe.

— Je n'ai pas encore fait les réservations, avoua-t-il depuis le seuil de la splendide salle de bains en marbre rose.

Lorsque Brianna avait emménagé, elle avait fait rénover toutes les pièces, sans lésiner sur le coût.

— Je viens d'apprendre que je dois coopérer à un audit détaillé pour un de mes clients. Je ne crois pas pouvoir partir avant que cette affaire soit réglée.

Il ne voulait pas retarder le début du prochain film de Tallie ni décourager son investisseur. C'était une cliente trop importante pour qu'il prenne le risque de la perdre, et d'ailleurs il était trop consciencieux pour se conduire ainsi.

— Tu veux dire que notre voyage est annulé ? demanda-t-elle, aussitôt méfiante.

— Non, seulement repoussé de quelques semaines. Mais nous irons, je te le promets.

Elle hocha la tête, momentanément radoucie. Radoucie, mais toujours aussi exigeante : voilà qu'elle voulait maintenant apporter des transformations à leur chambre.

— J'ai entendu parler d'une décoratrice d'intérieur extraordinaire. Elle s'est occupée de la chambre de J. Lo, ajouta-t-elle d'un air résolu.

Victor ne répondit pas. Il se contenta d'entrer dans son dressing pour se déshabiller et enfiler son pyjama. Puis il s'assit sur un tabouret, songea à ce que lui réservait l'avenir, et eut envie de pleurer. Hormis en cambriolant une banque, il ne voyait pas comment satisfaire les désirs de Brianna, qui semblaient sans limites. Et ses exigences allaient toujours croissant, alors que l'argent dont il disposait fondait comme neige au soleil.

4

Le lendemain, Hunt vint rejoindre Tallie à Palm Springs. Etendus au bord de la piscine de l'hôtel, ils discutèrent jusqu'à une heure avancée de la soirée, de tout et de rien, mais aussi de travail.

— Au fait, ma chérie, as-tu parlé récemment à Victor Carson ?

— Non, répondit-elle. En général, je demande à Brigitte de le contacter. Pourquoi cette question ?

— Pour rien. Si ce n'est qu'il m'a paru incroyablement stressé au téléphone. Peut-être est-il vexé par cette histoire d'audit. C'est pourtant une bonne chose.

Même s'il dépensait beaucoup d'argent, Hunt était prudent et raisonnable en affaires.

— Mon père aussi pense que je devrais faire un audit. Il m'en parle depuis des années, répondit Tallie. A mon avis, il se méfie trop... Il a été avocat trop longtemps !

Elle se souvint brusquement que Brigitte lui avait relaté un jour sa rencontre avec la femme de Victor dans une boîte de nuit. Une terreur, selon elle. Jamais Brigitte n'aurait pu soupçonner que le calme, l'insignifiant Victor Carson fût marié à quelqu'un de ce genre-là. Le comble, c'est qu'il avait paru fier de lui en faisant les présentations. Pourtant, avec ses diamants voyants et ses vêtements réduits au strict minimum en terme de quantité de tissu, son épouse avait l'allure d'une escort-girl. De quoi avoir honte, plutôt.

— Apparemment, reprit Tallie, il est marié à une bimbo deux fois plus jeune que lui. Peut-être que c'est elle qui lui donne des soucis.

Hunt se mit à rire.

— Tiens, je n'aurais pas cru ça de lui. Il a l'air si ennuyeux, si respectable. Je l'imaginais avec une dame très comme il faut, qui va à l'église tous les dimanches.

— Peut-être l'a-t-il quittée pour épouser celle-ci. Tu sais ce qu'on dit : avec l'âge, les hommes sont pris du démon de. midi. Avertis-moi si tu décides de me lâcher pour une petite jeune, veux-tu ?

— Je ne suis pas si vieux que ça, rétorqua-t-il en lui pinçant le bras. Et surtout, je suis très content de ce que j'ai chez moi.

— Tu dis ça aujourd'hui, le taquina-t-elle. Mais dans quelques années, qui peut dire que tu ne voudras pas toi aussi sortir avec une bimbo de vingt ans ?

— J'espère bien que non. Et si ça arrive, je t'autorise à me descendre d'un coup de revolver. De toute façon, je n'en ai pas les moyens !

— Peut-être que Victor non plus. Peut-être que c'est justement ce qui le stresse. En tout cas, je n'arrive pas à comprendre que les hommes se conduisent ainsi. Moi, si je m'affichais avec un jeune type, je me sentirais deux fois plus vieille.

Hunt, heureusement, n'était aucunement attiré par les femmes très jeunes. Tallie était convaincue que la fraîcheur et la vitalité de leur relation étaient en partie dues au fait qu'ils n'avaient rien officialisé, et elle avait la ferme intention de continuer à vivre ainsi, hors des liens du mariage.

Hunt lui fit ensuite un résumé de l'avancement des préparatifs pour leur prochain film. Il s'était entretenu avec divers agents concernant les stars potentielles. Les deux acteurs principaux étaient déjà engagés et la participation de deux autres était quasi certaine. Le dernier obstacle à franchir, l'audit, n'était qu'une formalité visant à rassurer leur investisseur, il n'y avait pas de quoi s'inquiéter. Leur situation financière était solide, d'autant plus que leur dernier long-métrage avait rapporté une fortune.

Le lendemain, après le tournage, Tallie donna quartier libre à toute la distribution pour le weekend, et Hunt et elle se rendirent à Montecito, où ils avaient loué une superbe villa.

Prendre du recul était vital pour Tallie. C'est alors que les nouvelles idées lui venaient. Elle se réveillait en pleine nuit et griffonnait des notes sur un calepin, qu'elle gardait sur sa table de chevet. Ce week-end-là fut très profitable à cet égard. Tallie était inspirée. Mais surtout, Hunt et elle savourèrent le plaisir de se retrouver en amoureux. Ils se promenèrent sur la plage, firent la grasse matinée et mangèrent au restaurant. En rentrant à Los Angeles le dimanche soir, Tallie avait l'impression d'avoir pris une semaine de vacances.

Le lundi matin, Brigitte la trouva en pleine forme. Les deux femmes bavardèrent tout au long du trajet jusqu'à Palm Springs, se racontant leurs week-ends respectifs. Brigitte avoua qu'elle avait eu deux rendez-vous galants, sans toutefois révéler l'identité de ses amoureux. Tallie en conclut qu'ils ne faisaient que passer...

La semaine s'annonçait chargée, pour Hunt comme pour Tallie. Aussi l'avait-il avertie qu'il ne viendrait sans doute pas la rejoindre à Palm Springs. Elle lui avait promis de son côté de rentrer chaque fois que possible, mais elle ne voulait prendre aucun retard avec le tournage des scènes en extérieur.

Dès six heures, Tallie fut à pied d'œuvre, et elle ne s'arrêta qu'à minuit ce soir-là. Contrairement aux acteurs, épuisés pour la plupart, elle débordait d'énergie.

L'audit, effectué par un cabinet très en vue de San Francisco, débuta le jour prévu. L'équipe se composait de deux experts-comptables épaulés par deux assistants. Détendus et efficaces, ils avaient apporté leurs propres ordinateurs et s'installèrent dans la salle de conférences pour y étaler les dossiers dont ils avaient besoin. De temps à autre, ils demandaient à Victor de clarifier une entrée dans le livre de comptes de Tallie en s'abstenant de faire le moindre commentaire. Victor avait l'impression qu'on vérifiait son travail et qu'on doutait de ses compétences.

Quand il rentra à la maison à la fin du deuxième jour, nerveux et épuisé, Brianna avait une surprise pour lui. Une surprise qui n'avait rien de réjouissant : elle était allée consulter un avocat dans le but d'établir un contrat postnuptial. Elle semblait très contente de son idée.

— Un contrat postnuptial ? répéta-t-il, choqué. Que veux-tu dire ? Nous avons déjà un accord, Brianna. C'est bien suffisant.

Lors de la signature du contrat de mariage, Brianna avait insisté pour qu'il dépose une somme considérable sur un compte à son nom à elle. Il avait obtempéré, bien sûr.

— Il se trouve que j'ai déjà dépensé la majeure partie de l'argent que tu m'as donné, Victor. Il m'en faut absolument davantage. La vie coûte cher. L'avocat dit que tu peux me verser un acompte tout de suite et me faire un virement supplémentaire chaque année.

En gros, elle lui demandait de payer pour qu'elle reste sa femme. C'était du chantage, purement et simplement. Et quelque chose disait à Victor qu'elle ne parlait pas de petite monnaie...

— Pourquoi es-tu allée voir un avocat ? insista-t-il.

L'avait-elle fait dans le but de préparer un divorce ? N'osait-elle pas le lui avouer ? En trois ans, elle avait dilapidé les sept cent mille dollars qu'il lui avait donnés au départ, sans parler des dépenses qu'il avait réglées de sa poche. L'argent filait entre les doigts de Brianna. Il ne savait même pas où avait pu passer une telle somme.

— C'est humiliant pour moi de ne pas être indépendante, se plaignit-elle. Je ne veux pas avoir à quémander pour la moindre babiole. Si tu me fais un versement maintenant et que tu me paies chaque année, je serai beaucoup plus à l'aise, ajouta-t-elle en se blottissant contre lui.

— Sincèrement, je n'en ai pas les moyens en ce moment, avoua-t-il. Certains de mes placements ont perdu de leur valeur. Je préférerais payer tes factures et subvenir à tes besoins au fur et à mesure.

En dépit de sa bouche à la Angelina Jolie, Brianna pinça les lèvres en un trait mince.

— Je ne crois pas pouvoir rester mariée avec toi si tu refuses, dit-elle avec hargne. Si tu m'aimes, tu le feras. Tu n'as pas tenu tes promesses pour ce qui est de ma carrière, alors c'est le moins que tu puisses faire. Je ne me sentirai pas en sécurité tant que je n'aurai pas sur mon compte un montant qui me permette de voir venir.

— Et si c'est impossible ? demanda-t-il, envahi par la crainte et le découragement.

Il était dépassé. Il s'était presque ruiné pour elle, mais, loin d'être reconnaissante, elle était insatiable. Cette dernière exigence lui ouvrait les yeux : elle l'avait épousé uniquement pour son argent, cela lui semblait évident à présent.

— J'en parlerai à mon avocat, rétorqua-t-elle avec un regard dur. Réfléchis bien, Victor. Tu n'as pas le choix.

Elle n'aurait pas pu s'exprimer plus brutalement et Victor sentit le désespoir lui nouer la gorge. Il ne voulait pas la perdre. En dépit de ses multiples défauts, il s'était attaché à elle. Comment trouverait-il une autre femme qui veuille de lui à son âge ? Il se sentit brusquement fatigué, vieux et abattu.

Ce soir-là, il resta seul dans son bureau, broyant du noir et buvant trop de Johnnie Walker. De son côté, Brianna sortit avec des amies et rentra à deux heures du matin. Victor avait sombré dans l'inconscience sur le canapé. Elle ne chercha pas à le réveiller. Elle était sûre que son mari finirait par céder. S'il voulait qu'elle reste, et elle savait que c'était le cas, il capitulerait.

Le lendemain matin, elle partit pour la salle de sport pendant qu'il prenait sa douche et ils n'eurent pas l'occasion d'évoquer la querelle de la veille. Lorsqu'il arriva à son cabinet, Victor se plongea dans les comptes de Tallie. Vérifier deux fois plutôt qu'une ne pouvait pas faire de mal.

Dans l'après-midi, il tomba sur plusieurs entrées qui le laissèrent perplexe. Il savait que Brigitte réglait toutes les dépenses de Tallie. Elle signait les chèques, remplissait le livre de comptes général et lui remettait les reçus, et cela depuis des années. Ce qui le troubla, ce fut la mention de séjours réguliers dans plusieurs hôtels. La manière dont Tallie dépensait son argent ne le regardait en rien, mais il ne comprenait pas pourquoi elle descendait à l'hôtel à Los Angeles alors qu'elle y résidait. Et si ces frais étaient liés à son travail, ils auraient dû être déduits de ses impôts.

Il nota quelques nuitées au Bel-Air et bien plus au Château Marmont et au Sunset Marquis. Il remarqua également que les mêmes montants apparaissaient dans les comptes de Hunt. Il était possible après tout que le couple organise des réunions d'affaires dans ces hôtels. Il constata aussi que Tallie dépensait des sommes considérables en espèces et en fut contrarié. Si elle ne conservait pas de traces de ses paiements, toute déduction fiscale était impossible. Il devrait insister pour qu'elle se serve de ses cartes de crédit à l'avenir.

Tout en étudiant les chiffres, Victor s'efforçait de ne pas penser à Brianna. Ses propos concernant l'accord postnuptial l'avaient profondément blessé. De plus, il craignait qu'elle ne soit guère impressionnée par ce qu'il pouvait lui donner en ce moment. La demande de la jeune femme avait des allures d'ultimatum. Décidément, sa vie privée partait à vau-l'eau.

Les deux semaines suivantes, Victor poursuivit son examen des comptes de Tallie. Certains frais liés à sa fille pouvaient être considérés par le fisc comme des cadeaux, auquel cas elle devait s'acquitter d'impôts. Quant à l'appartement parisien, il ne pouvait plus figurer parmi ses dépenses professionnelles puisqu'elle n'avait pas tourné en France depuis plusieurs années. Divers autres points exigeaient clarification. Contrairement à l'audit externe demandé par l'homme d'affaires japonais, qui visait à confirmer que Tallie était solvable et à évaluer le montant total de ses biens, l'examen de Victor avait seulement pour but de vérifier que les comptes de sa cliente étaient en ordre et qu'elle bénéficiait des déductions fiscales appropriées.

De manière générale, Victor optait pour une approche prudente vis-à-vis du fisc. Il répugnait à déduire les dépenses que d'aucuns auraient pu considérer comme douteuses, car il se voulait inattaquable. Il ne voulait pas prendre de risques. Certains auraient aimé qu'il se montre moins scrupuleux, mais il s'en était toujours tenu à sa ligne de conduite. Même si Tallie n'entrait pas dans cette catégorie, cet examen était finalement une bonne occasion de dresser un bilan de la situation.

Les comptes de Hunt, quant à eux, étaient gérés avec un peu moins de méticulosité par son assistant, mais ils présentaient l'avantage que la majeure partie des dépenses se faisait par carte de crédit, de sorte qu'il y avait trace des paiements. Victor prit rendez-vous avec Hunt et voulut clarifier avec lui chaque point incertain. Hunt confirma que Tallie et lui étaient descendus plusieurs fois à l'hôtel dans la région de Los Angeles et qu'il y avait de temps à autre loué une suite pour des réunions avec des investisseurs.

Victor repartit rassuré. Quant aux employés du cabinet d'audit de San Francisco, ils s'apprêtaient à quitter les lieux. Leurs vérifications touchaient à leur fin et tout donnait à penser que l'affaire serait conclue sans problème.

Il ne restait plus à Victor qu'à avoir un entretien avec Tallie et à lui poser les mêmes questions qu'à Hunt, juste pour clore son propre examen. De plus, il tenait à attirer son attention sur les frais liés à Maxine et les sommes considérables qu'elle dépensait en espèces.

Il lui téléphona un vendredi après-midi, alors qu'elle était en plein tournage. Après s'être excusé de la déranger, il l'informa du motif de son appel.

— Vous ne pourriez pas voir tout ça avec Brigitte ? demanda-t-elle d'une voix distraite.

Victor l'agaçait parfois tant il avait tendance à couper les cheveux en quatre. C'était son travail, certes, mais elle n'avait tout simplement ni le temps ni l'envie de discuter gros chiffres avec lui. Et surtout pas maintenant. Elle avait pris un peu de retard cette semaine-là en raison des intempéries et des nombreux changements apportés au script. Elle avait peur de dépasser le budget alloué au tournage en extérieur.

— Si, répondit Victor. Mais je préfère en parler avec vous. C'est vous qui êtes responsable face au fisc, même si c'est Brigitte ou moi qui faisons une erreur. Quand serez-vous de retour à Los Angeles ?

— Ce week-end. Mais je reviens à Palm Springs lundi matin à la première heure.

— Cela serait-il possible de se voir dimanche ?

Tallie soupira. Elle aurait voulu consacrer son temps libre à Hunt et non à son conseiller fiscal, mais elle savait qu'il insisterait jusqu'à ce qu'elle cède. Elle accepta de le retrouver à son cabinet à dix heures et demie pendant que Hunt jouait au tennis. De son côté, il promit que ce ne serait pas long. Brianna non plus ne serait pas ravie qu'il travaille ; elle aimait prendre un brunch au Polo Lounge du Beverly Hills Hotel.

Quand Tallie rentra à la maison ce soir-là, Hunt avait de bonnes nouvelles à lui annoncer.

— Eh bien, nous avons brillamment réussi l'audit, dit-il avec un large sourire. Nakamura est satisfait, les papiers seront prêts la semaine prochaine. J'en conclus que ni toi ni moi ne sommes fauchés ou malhonnêtes.

Il l'embrassa et Tallie sourit à son tour avant de mentionner son rendez-vous avec Victor le surlendemain.

— Moi aussi, j'ai eu une réunion avec lui cette semaine. Je te jure qu'il veut savoir par le menu tout ce que j'ai mangé dans chaque restaurant et avec qui je parlais affaires en même temps.

Ils éclatèrent de rire. La personnalité tatillonne de leur comptable les amusait, même si Tallie savait qu'elle lui était redevable. C'était grâce à lui et à Brigitte, aussi honnêtes et précis l'un que l'autre, qu'elle n'avait jamais eu à subir de contrôle fiscal. Cela valait donc la peine de supporter son côté pinailleur.

Le week-end fut détendu. Tallie fit quelques courses et autres corvées qu'elle repoussait depuis des semaines, mettant à profit le peu de temps dont elle disposait avant de retourner à Palm Springs. Le samedi après-midi, elle se rendit chez son père et passa plusieurs heures en sa compagnie. Il voulait tout savoir des progrès du film et ils bavardèrent longuement, assis dans le jardin.

Le dimanche matin, elle se rendit au cabinet de Victor. Il l'attendait, vêtu comme à son habitude d'un complet-cravate. Tallie, comme à l'accoutumée, portait un jean déchiré, des baskets montantes et un tee-shirt délavé à souhait.

— Vous ne devriez pas travailler le dimanche, Victor. Mais je vous en suis reconnaissante. Mon emploi du temps est dingue en ce moment. Et je voulais aussi vous remercier pour la manière dont s'est déroulé l'audit. Notre investisseur nous a informés vendredi qu'il était satisfait. J'apprécie vraiment tout ce que vous faites pour nous.

— Je fais juste mon travail, répondit Victor en ajustant ses lunettes.

Il commença par lui rappeler que la loi exigeait que le moindre objet acheté en dehors de l'Etat soit soumis à l'impôt californien. Nombre de ses clients oubliaient cette obligation, ce qui leur attirait des ennuis par la suite. Tallie le rassura : Brigitte recensait consciencieusement tous leurs achats hors Etat. Mais Victor avait d'autres questions sur sa liste. Tallie y répondit aimablement, tout en songeant en son for intérieur qu'il aurait pu vérifier tout cela avec Brigitte. Il l'informa aussi qu'il avait classé l'appartement qu'elle possédait à Paris dans les biens personnels plutôt que les frais professionnels et ajouta que Maxine ne pouvait être considérée à charge que si elle restait étudiante à plein temps. Cela, Tallie le savait déjà. Et pour cause, il le lui avait dit maintes fois. Enfin, il s'arrêta sur la somme qu'elle dépensait en liquide chaque mois.

— Je ne peux rien faire déduire de vos impôts si je ne sais pas où passe tout cet argent, se plaignit-il.

— J'achète des glaces, des cafés, je paie le parcmètre, objecta-t-elle, vaguement penaude. Je ne pense pas qu'il y ait de grosses déductions à faire, Victor.

— Dans ce cas, vous devez manger des tonnes de glace et boire des litres et des litres de café. D'après ce que je vois, vous dépensez environ vingt-cinq mille dollars par mois en espèces.

Il avait du mal à dissimuler sa désapprobation. De tels frais représentaient la possibilité de déductions intéressantes.

— Vingt-cinq mille ? répéta Tallie, abasourdie. Vous plaisantez ! Je suis sûre de ne pas dépenser plus de deux cents dollars par mois en espèces, plutôt cent, d'ailleurs. J'utilise tout le temps ma carte de crédit, même pour acheter un flacon de shampooing.

En fait, si elle était honnête, c'était Brigitte qui s'occupait de ces détails. Elle faisait toutes ses courses, anticipant même ses besoins.

— Victor, c'est insensé. Vous devez regarder le mauvais total ou la mauvaise colonne ou je ne sais quoi. Il est absolument impossible que je dépense autant !

— Pourtant, il y a des chèques encaissés à la banque contre du liquide. Vous stockez des espèces chez vous ?

— Bien sûr que non. La moitié du temps, je n'ai pas de liquide, il faut que j'emprunte de la monnaie pour acheter un café, surtout si Maxine est dans les parages. Elle se sert dans mon sac, mais je peux vous assurer qu'il n'y a jamais plus de vingt ou trente dollars à piquer. Il y a une erreur quelque part, affirma-t-elle avec certitude.

— Non, insista-t-il, il n'y a pas d'erreur. Voilà pourquoi je tenais à avoir cette conversation avec vous, Tallie. Je suis inquiet à propos des déductions manquées et plus encore si vous ignorez à quoi est utilisé cet argent.

A écouter Victor, Tallie se sentait irresponsable et imprudente.

— Regardez mes relevés de cartes de crédit, protesta-t-elle. Dès que le montant dépasse cinq dollars, je paie par carte.

— Alors comment expliquez-vous ces sommes ? Brigitte dépense-t-elle autant de liquide pour vous ?

— Non, elle se sert aussi d'une carte. Nous avons un compte joint pour tout ce qu'elle m'achète.

— Eh bien, quelqu'un le fait. Il vous faut découvrir qui.

Victor était consterné par ces graves incohérences dans les finances de Tallie.

— Au cours des trois années écoulées, on approche du million de dollars de dépenses en liquide. Vous ne pouvez pas perdre la trace d'une somme pareille !

— Bien sûr que non, murmura-t-elle, perplexe. Peut-être Brigitte règle-t-elle certaines dépenses en espèces sans que je sois au courant. Je lui poserai la question.

Ensuite, Victor lui soumit une pile de factures dont il voulait vérifier l'exactitude. Des vêtements pour Maxine, des œuvres d'art que Tallie avait achetées à New York, et divers cadeaux pour Hunt, y compris une montre en or. Tout au bas de la pile se trouvaient des frais de déplacement et les nuitées à propos desquelles il avait déjà interrogé Hunt.

— Pour les hôtels de la région, pas de problème, Hunt m'a expliqué.

— Quels hôtels ? demanda Tallie. Je ne vais à l'hôtel que si je suis en voyage ou en tournage ailleurs, comme en ce moment, à Palm Springs. J'ai réservé une chambre là-bas pour deux mois, mais ce sont des frais professionnels.

Victor parut surpris.

— Vous avez pourtant des factures du Bel-Air, du Château Marmont et du Sunset Marquis, réparties sur trois ans. Hunt m'a confirmé qu'il réservait parfois des suites pour des rendez-vous avec des investisseurs étrangers ou avec vous à l'occasion.

— Vous avez dû mal comprendre, Victor. Nous ne sommes jamais allés dans aucun de ces établisse-

60

ments, sauf une fois, au Bel-Air, pendant que je faisais faire des travaux dans la maison.

Un doute assaillit brusquement Tallie. Brigitte s'était-elle servie de leur compte joint pour ses escapades amoureuses ? Après tout, elle avait une vie sentimentale assez agitée. Cependant, si tel était le cas, elle avait certainement remboursé l'argent d'une façon ou d'une autre.

— C'est peut-être Brigitte. Je le lui demanderai aussi.

Légèrement contrariée, Tallie était néanmoins sûre que son assistante n'était pas en faute. Ce genre de laxisme, elle qui était si professionnelle et si compétente, ça ne lui ressemblait pas du tout. Jamais Tallie ne l'avait prise en défaut jusqu'à maintenant.

Victor n'insista pas. Pourtant, il ne pouvait avoir mal compris Hunt. Celui-ci avait affirmé sans ambiguïté avoir séjourné dans ces hôtels avec Tallie. Mais, là, Victor savait qu'il s'aventurait sur un terrain glissant. Ce n'était pas la première fois que l'examen des comptes d'un client mettait au jour des faits gênants. En revanche, il tenait à éclaircir le mystère des dépenses en espèces, qui représentaient des sommes bien plus importantes et l'inquiétaient davantage.

Tallie arriva chez elle songeuse. Sans être véritablement troublée, elle désirait dissiper ces malentendus. Si ce n'était pas Brigitte qui s'était servie de sa carte pour payer les notes d'hôtel, peut-être s'agissait-il d'une affaire de vol d'identité. Cela lui était déjà arrivé par le passé. Quelqu'un avait découvert son numéro de carte de crédit et avait fait le tour des magasins à ses frais. De toute façon, Victor lui avait dit que ces dépenses d'hôtel avaient cessé l'année passée ; le problème avait donc été réglé. Toutefois, pourquoi Hunt aurait-il affirmé qu'ils avaient séjourné dans ces établissements ? Victor avait dû mal comprendre.

Hunt rentra peu de temps après, alors qu'elle préparait une salade composée pour le déjeuner. Elle n'était pas une grande cuisinière, mais ce genre de plat simple était à sa portée. A en juger par le sourire victorieux et la bonne humeur de Hunt, il avait sans nul doute gagné. Sur un court de tennis – et dans la plupart des jeux –, il avait un fort esprit de compétition et n'aimait pas perdre. Aujourd'hui avait été un bon jour.

— Tout s'est bien passé avec Victor ? demanda-t-il en prenant une bouteille de jus de fruits dans le frigo.

— Oui. Le pauvre m'a posé un millier de questions, il s'inquiète pour tout et s'embrouille un peu. Il prétend que je dépense une fortune en liquide alors que c'est tout le contraire : je me sers de ma carte de crédit pour le moindre achat. Il en déduit que Brigitte règle certaines factures en espèces et il considère que cela nous fait perdre de l'argent en déductions. Brigitte est si méticuleuse. Je suis sûre qu'elle aura une explication.

Tallie s'apprêtait à lui parler des notes d'hôtel, mais elle ne savait plus tout à coup comment aborder le sujet.

En fin de compte, elle décida de se taire. L'embrouillamini venait sûrement du côté de Brigitte. Elle devait d'abord l'interroger, elle, au cas où elle se serait offert quelques nuits d'hôtel avec ses petits amis...

Après le déjeuner, ils allèrent s'asseoir dans le jardin et passèrent un après-midi tranquille en tête à tête. Tallie savourait le bonheur d'être à la maison. Elle commençait à se lasser d'être toujours en vadrouille.

Pendant ce temps, au Polo Lounge, Victor déjeunait avec Brianna. L'atmosphère était moins paisible. Furieuse qu'il l'ait fait attendre une demi-heure, Brianna lui avait reproché de travailler un dimanche et l'avait accusé de ressembler à un croque-mort dans son complet-cravate. Elle aurait préféré qu'il porte un jean et une chemise, mais Victor s'y refusait, par respect pour ses clients.

— Je suis désolé d'avoir été si occupé ces temps-ci. Les choses devraient se calmer un peu à présent, dit-il d'un ton d'excuse, pour l'apaiser.

Elle était quant à elle vraiment superbe : elle portait une robe blanche moulante achetée cette semaine même chez Roberto Cavalli. Le décolleté, plongeant, laissait voir la naissance de ses seins.

— Ce n'est pas grave, répliqua-t-elle tout bas tandis que le serveur leur apportait le café.

Puis elle prit une profonde inspiration avant d'ouvrir la bouche.

— Je veux cinq millions de dollars, déclara-t-elle de but en blanc.

— Pour quoi faire ? Moi aussi, je les voudrais bien, répondit-il en souriant.

— Pour rester mariée avec toi, rétorqua-t-elle froidement.

Elle avait tout d'une femme d'affaires endurcie, et Victor la trouva brusquement beaucoup moins attirante.

— Et une allocation chaque année, que nous pouvons négocier, ajouta-t-elle. Mais je veux les cinq millions tout de suite.

— Qu'est-ce que c'est que cette histoire ? Sommes-nous mari et femme ou en train de discuter un contrat d'affaires ? demanda-t-il, bouleversé. En plus, je n'ai absolument pas ces moyens-là.

— Avant, tu les avais bien.

— Plus maintenant.

Et même s'il possédait une telle somme, jamais il ne se serait abaissé à la lui verser pour qu'elle consente à rester son épouse. C'était un chantage odieux.

— Trois millions, alors ? dit-elle, prête à marchander. Mais si tu ne me donnes rien, je m'en vais. Je ne peux pas vivre sans le sou. J'ai besoin de savoir que j'ai de l'argent à la banque, dont je peux disposer à mon gré. J'ai besoin de me sentir à l'abri.

Elle serait à l'abri, certes, mais son mari, lui, serait fauché comme les blés, songea Victor. Pourquoi diable son avocat lui avait-il mis en tête une idée pareille ? Cela revenait à sonner le glas de leur union.

— Brianna, je n'ai pas ces trois millions, ni même deux, ni même un million.

— Dans ce cas, annonça-t-elle froidement alors qu'il réglait l'addition, je te quitte. Hors de question que je reste mariée à un homme qui ne me rend pas heureuse.

Son bonheur avait un prix sacrément élevé ! Victor, livide, se leva, et ils rejoignirent leur voiture. Il était si secoué par ce qui venait de se passer que, cinq minutes plus tard, il brûla un feu rouge et faillit causer un accident. Jamais de sa vie il ne s'était senti aussi affolé.

5

Le lendemain, en route pour Palm Springs avec Brigitte, Tallie mentionna sa conversation avec son comptable.

— Règles-tu certaines factures en espèces ? demanda-t-elle en sirotant son *latte* parfumé à la vanille.

— Bien sûr que non. De quoi parle Victor ? s'exclama Brigitte, irritée. Je paie tout par chèque ou carte bancaire. Il le sait parfaitement.

— C'est bien ce que je pensais. Peut-être s'est-il trompé dans ses comptes.

L'hypothèse d'une simple erreur de calcul paraissait à Tallie de plus en plus vraisemblable. Comment Brigitte, ou elle-même, aurait-elle pu dépenser vingt-cinq mille dollars chaque mois, et en liquide ?

— Il est préoccupé ces temps-ci, reprit Brigitte. Si ça se trouve, il a des problèmes de santé. Ou alors il est trop âgé pour faire son travail correctement.

— Oui. Je ne sais pas. Cela me semble dingue. Je vais lui demander de tout revérifier. Il m'a aussi montré une liste de factures pour le Château Marmont et le Sunset Marquis, ajouta-t-elle.

Brigitte la regarda en silence, interloquée, et Tallie poursuivit, légèrement embarrassée.

— Cela m'ennuie de te demander ça, mais t'est-il arrivé d'y séjourner et de régler avec notre carte par accident ?

— Non, Tallie. Je ne suis jamais descendue dans aucun de ces deux établissements. Si je veux passer la nuit avec quelqu'un, je vais chez moi, pas à l'hôtel.

— Je me suis dit que tu avais pu payer une chambre avec notre carte et rembourser la somme après coup.

— Je ne suis pas si écervelée, lui fit remarquer Brigitte avec un grand sourire.

— Je sais bien.

Tallie lui rendit son sourire avec un air d'excuse.

— Il doit y avoir un malentendu.

Convaincue qu'il y avait une explication logique à cet imbroglio, elle chassa l'affaire de ses pensées et tira le script de son sac afin d'en peaufiner certains détails.

Une fois arrivée, elle téléphona à Victor de sa caravane pendant que Brigitte allait chercher du café. Elle lui avoua qu'elle n'avait pas pu éclaircir le mystère des dépenses en espèces, pas plus que celui des notes d'hôtels.

— Ah bon, je me suis probablement trompé, murmura Victor.

— Oui, vous avez dû vous méprendre, Victor, dit-elle avec fermeté. Ce doit être une histoire d'usurpation d'identité.

— Très bien, Tallie.

— C'est sans doute un parfait inconnu qui s'est servi de ma carte.

Victor raccrocha sans faire de commentaire. Tallie sentit un nœud se former dans son estomac. Quelques secondes plus tard, Brigitte revint avec deux cafés qui sentaient délicieusement bon.

— Tout va bien ? demanda-t-elle en lui tendant le breuvage brûlant. Tu fais une drôle de tête. Quelque chose te tracasse ?

Tallie se mit à rire et se sentit tout de suite mieux.

— Victor me tape sur les nerfs, voilà tout. Quand il a quelque chose dans le crâne, il ne veut pas en démordre. Il se met dans tous ses états à cause de cette histoire de dépenses et je te parie mon billet – c'est le cas de le dire ! – que l'erreur vient de son cabinet. Ils ont dû se tromper en recopiant nos chiffres dans le livre de comptes.

Brigitte acquiesça.

— Tu sais, je vérifie méticuleusement chaque entrée avant de lui envoyer.

— Je ne m'inquiète pas du tout, je connais ton professionnalisme. Victor est casse-pieds, même si je sais que ça part d'une bonne intention. Et il continue de me rebattre les oreilles au sujet de ces notes d'hôtel que je suis censée avoir payées. D'après lui, Hunt lui a dit être descendu dans ces endroits avec moi. Il comprend tout de travers. J'ai même failli douter de Hunt, et puis je me suis dit que j'étais parano. Un de ces jours, il va nous annoncer que c'était une erreur. Franchement, je déteste la compta. Heureusement que tu t'en occupes pour moi.

Brigitte se mit à rire.

— Je ne suis pas une fan des comptes non plus, avoua-t-elle. Et Victor est un angoissé.

— Je sais. Bon, au travail maintenant.

Tallie termina son café, régla son BlackBerry sur silencieux et le glissa dans la poche de son short, puis sortit, son script sous le bras. Un instant plus tard, ayant grimpé dans une nacelle avec le chef opérateur, elle mettait au point les prises de vues de la matinée, ayant complètement oublié son irritation contre Victor.

La journée de tournage fut longue. Tallie ne prit pas de pause déjeuner, pas plus qu'elle ne prit la peine de décrocher son BlackBerry, qui vibra à plusieurs reprises. Au milieu de l'après-midi, cependant, elle s'arrêta un instant et regarda qui avait tenté de la joindre. Elle ne put s'empêcher de lever les yeux au ciel en voyant quatre messages de Victor s'afficher sur l'écran. Avec un soupir, elle attrapa une chaise, ouvrit une bouteille d'eau et se résigna à le rappeler. Non loin de là, Brigitte bavardait et riait avec un des acteurs, et Tallie se demanda distraitement si c'était l'homme du moment. Elle les observait toujours quand Victor décrocha.

— Je voulais vous reparler du Sunset Marquis et du Château Marmont, commença-t-il sans préambule.

— Je vous le répète, Victor, c'est sans doute un vol d'identité. De toute façon, vous m'avez expliqué qu'il n'y avait plus eu aucun reçu émanant de ces hôtels l'année dernière. Alors, où est le problème ?

— Je n'aime pas les mystères non résolus, dit-il d'un ton grave. Surtout quand il s'agit de votre argent.

— J'apprécie votre sollicitude, mais c'est une vieille histoire.

— J'ai téléphoné à l'organisme bancaire ce matin. Tous les reçus sont scannés et ils me les ont envoyés.

— Ne me dites pas que c'est moi qui les ai signés, lança Tallie, en riant.

— Non. C'est Brigitte. Sa signature apparaît clairement sur chaque facture, hormis celle du Bel-Air.

— Elle affirme n'avoir jamais réservé de chambre, rétorqua Tallie d'un ton ferme, plus encline à croire son assistante que son comptable.

— Elle a peut-être oublié. C'était il y a un certain temps.

— Je ne pense pas, Victor.

— Peut-être est-elle gênée d'admettre qu'elle s'est servie de la carte pour son usage personnel ? Il est même possible qu'elle vous ait remboursée discrètement.

Il était prêt à lui accorder le bénéfice du doute sur ce point, mais il se refusait à croire qu'elle ne s'était pas rendue dans ces hôtels.

— C'est indéniablement sa signature qui figure sur les reçus, insista-t-il.

— Quelqu'un a pu la falsifier, répondit Tallie froidement.

— J'en doute. De toute façon, c'est surtout les vingt-cinq mille dollars en liquide qui se perdent chaque mois qui m'inquiètent.

— Moi aussi, à vrai dire. Si vous n'y voyez pas d'inconvénient, j'aimerais montrer les comptes à mon père. Il est nettement plus doué que moi pour ce genre de choses.

— Sans aucun problème.

— Merci, Victor. Je vous rappellerai.

Tallie resta pensive une minute, puis téléphona à son père. Comme toujours, il décrocha dès la première sonnerie.

— Bonjour, papa.

Elle s'était efforcée de prendre un ton dégagé, mais Sam la connaissait trop bien pour s'y tromper.

— Que se passe-t-il, ma chérie ?

— L'audit semble avoir mis au jour des bizarreries dans mes comptes. Cela t'ennuierait d'y jeter un coup d'œil ?

— Pas du tout. C'est quoi, le problème ?

— Victor affirme que vingt-cinq mille dollars en espèces quittent mes comptes chaque mois. Tu te doutes bien que ce n'est pas moi qui dépense tout cet argent, et Brigitte dit que ce n'est pas elle non plus.

— As-tu un compte joint avec Hunt ?

— Non. Nous n'avons rien mis en commun. Je n'y comprends rien. C'est forcément une erreur.

— Demande à Victor de m'envoyer les livres de comptes et je vérifierai.

— Merci, papa.

Tallie ne mentionna pas les hôtels. A quoi bon ? Soit il s'agissait d'une usurpation d'identité, soit Brigitte ou Hunt mentait, et comment son père devinerait-il lequel était le coupable ?

Elle rappela Victor et le pria d'envoyer un coursier chez son père avec les copies des documents. Puis elle se remit au travail, convaincue qu'un regard neuf éclaircirait le mystère de l'argent manquant.

Lorsque Brigitte la ramena en ville ce soir-là, Tallie, préoccupée, eut du mal à soutenir la conversation. Elle ne pouvait empêcher les doutes de l'assaillir et se décida à interroger Hunt dès qu'elle arriverait à la maison. Mais il était absent. Il avait laissé un message expliquant qu'il dînait avec des investisseurs. Au bas de la note, il avait ajouté qu'il l'aimait. Lasse et en proie à un malaise inexpliqué, Tallie s'assit sur le canapé.

Pour se changer les idées, elle téléphona à Maxine. Elles bavardèrent pendant une demi-heure, puis sa fille dut la quitter, ayant encore du travail pour le lendemain. Tallie lui dit au revoir à regret. A peine avait-elle raccroché que son père l'appela.

— Victor a raison, déclara-t-il d'un ton perturbé. Tu dépenses vingt-cinq mille dollars par mois en liquide, à mille dollars près. Brigitte doit pouvoir te fournir une explication, non ? Elle qui est si organisée et efficace. J'ai du mal à imaginer comment on peut perdre la trace d'une telle somme.

Sam Jones paraissait aussi alarmé que Victor.

— Tu sais, papa, que je n'ai pas pour habitude de jeter l'argent par les fenêtres.

— Je sais bien, soupira-t-il. C'est justement ce qui m'inquiète.

— Brigitte règle toutes les factures et signe tous les chèques et il n'y avait jamais eu aucun souci avant, du moins pas à ma connaissance. Pourtant, Victor affirme que ça dure depuis plusieurs années...

... Depuis que Hunt vit avec moi, acheva-t-elle intérieurement, prenant soudain conscience de cette coïncidence. Une coïncidence troublante : à présent, elle en savait juste assez pour être effrayée, mais le mystère demeurait entier.

— Je suis formelle, ça ne peut pas être Brigitte, reprit-elle. Sa famille est fortunée et elle touche un très bon salaire. Pourquoi me volerait-elle ?

Tallie eut la gorge nouée en prononçant ces mots. Elle ne pouvait croire à une telle hypothèse.

— C'est la personne la plus honnête que je connaisse.

— Il n'en reste pas moins que quelqu'un dépense cet argent en ton nom, insista son père. Que vas-tu faire ?

— Je ne sais pas, avoua Tallie, abattue.

Elle avait espéré que son père lui dirait qu'il s'agissait d'une simple erreur. Hélas, ce n'était pas le cas. Il y avait aussi la question des hôtels. Brigitte prétendait n'y avoir jamais séjourné alors que les reçus portaient sa signature. Et Hunt avait affirmé à Victor y être allé avec elle. Son compagnon et son assistante mentaient, et elle ne savait pas pourquoi.

Elle ne parvint pas à trouver le sommeil. Elle passait et repassait les faits dans son esprit et en revenait toujours au même point. Hormis son père et sa fille, Brigitte et Hunt étaient les deux personnes en qui elle avait le plus confiance et, pour la première fois, elle avait le sentiment qu'ils lui dissimulaient quelque chose. Cela lui laissait un goût amer dans la bouche.

Quand Hunt rentra, veillant à ne pas faire de bruit pour ne pas la réveiller, elle feignit d'être endormie. Elle ne voulait pas l'interroger maintenant. Et s'il niait être allé dans ces hôtels ? Elle avait peur de lui poser la question et d'entendre sa réponse. Peur de le prendre en flagrant délit de mensonge.

Elle passa une nuit blanche et avait une mine affreuse quand Brigitte vint la chercher le lendemain matin. Son assistante avait l'air soucieuse. Elles firent comme d'habitude une brève halte pour acheter un café, mais parlèrent à peine durant le trajet. Juste avant d'arriver sur les lieux du tournage, Brigitte se gara sur le bas-côté et lui jeta un regard angoissé. Tallie la dévisagea, perplexe.

— Il faut que je te parle, commença Brigitte tout bas. Je me suis toujours demandé ce que je ferais dans une situation pareille et j'espérais ne jamais avoir à le découvrir. C'est au sujet de Hunt. Et j'ai une petite confession à te faire aussi.

Tallie se raidit, redoutant la suite. A en juger par l'expression de Brigitte, celle-ci n'allait pas lui annoncer une bonne nouvelle, loin de là. Un instant, elle eut envie de prendre ses jambes à son cou.

— Il y a environ trois ans, juste après avoir emménagé chez toi, Hunt m'a demandé de l'argent. Il a prétexté que tu l'avais chargé de régler un achat. Je ne me rappelle pas lequel, mais cela paraissait plausible. Il venait de s'installer chez toi et tu semblais follement amoureuse de lui.

Tallie faillit protester. Elle n'avait jamais été « follement amoureuse » de Hunt ; ses sentiments s'étaient développés au fil du temps. Néanmoins, ils avaient été heureux, et ils l'étaient encore.

— La manœuvre s'est répétée, poursuivit Brigitte. Il me réclamait régulièrement du liquide. Des petites sommes, d'abord. Il prétendait avoir oublié d'encaisser un chèque ou que tu avais besoin d'espèces. J'ai fini par me rendre compte qu'il me sollicitait sans arrêt. Je ne savais plus quoi penser ni quoi faire.

Elle fit une pause avant de reprendre, la voix tremblante.

— C'est vraiment un type sympa et, étant donné tes déboires sentimentaux passés, je ne voulais pas risquer de tout gâcher. Et puis, je n'avais pas pris conscience de l'étendue de ces « emprunts » avant que tu ne mentionnes la somme, l'autre jour. Je t'assure que je ne sais pas ce qu'il fait de l'argent, s'il le dépense ou le met de côté. J'avais peur de t'en parler, car je ne voulais surtout pas causer une rupture entre vous, alors j'ai laissé faire, même si j'étais inquiète et triste pour toi. A présent, Hunt considère ces apports en liquide comme un dû, conclut-elle d'un air déconfit.

— Et tu ne m'as rien dit ?

Tallie était horrifiée. L'homme qu'elle aimait la spoliait depuis trois ans. Et son assistante, qu'elle considérait comme sa meilleure amie, fermait les yeux sur sa conduite… Son silence faisait d'elle une complice. Tallie se demanda même si elle ne l'encourageait pas dans ses demandes. Elle eut tout à coup l'impression d'être la dernière des idiotes. N'était-elle pas doublement trahie ?

Une bouffée de colère la submergea.

— Pourquoi ne m'as-tu pas révélé la vérité plus tôt ?

— Je te l'ai dit, je ne voulais pas saboter ton histoire d'amour. Tu as besoin de quelqu'un dans ta vie, Tallie. Tu ne peux pas tout gérer seule. Et le premier film que vous avez fait ensemble a été un tel succès que je ne voulais pas mettre ta carrière en danger non plus.

— Ainsi, tu l'as laissé me voler sans rien dire ? De quel côté es-tu, Brigitte ? accusa-t-elle.

— Du tien, répondit son amie sans hésiter, les larmes aux yeux. J'ai commis une terrible erreur, et je le regrette. Il m'a manipulée.

— Et tu dis que ça dure depuis trois ans ?

Brigitte acquiesça.

— Tu te rends compte que ça m'a coûté presque un million de dollars ? Et pourquoi Hunt aurait-il besoin d'argent ? Il en gagne plus que moi.

Malgré les apparences, Tallie croyait son assistante, même si sa confiance en elle venait d'être sérieusement ébranlée. Son récit était trop sordide pour ne pas être véridique.

— C'est lui qui t'a empêchée de me le dire ?

Elle voulait tout savoir à présent, jusque dans les moindres détails.

— Oui, au bout d'un certain temps. Je regrette, Tallie, vraiment. C'est du vol et ça me rend malade de savoir que je l'ai aidé.

Elle paraissait profondément bouleversée. Il est vrai que, pour Tallie, la pilule était dure à avaler. A l'exception de la fois où elle avait découvert dans la presse que son ex-mari la trompait, jamais elle n'avait eu autant l'impression de s'être fait berner.

— Quand je pense que tu m'as présenté ça comme une « petite » confession ! s'indigna Tallie.

— Ce n'est pas de ça que je parlais.

Brigitte baissa les yeux.

— En fait, je suis bel et bien allée au Château Marmont une fois, et j'ai réglé avec ta carte parce que je n'avais pas la mienne sur moi. Je devais être avec ce caméraman dont j'étais dingue. Il était marié, et tu désapprouvais notre liaison. C'est pourquoi je n'ai pas osé t'en parler. Mais j'ai remboursé la totalité de la somme, je te le jure.

— D'après Victor, il y a eu plus d'un paiement portant ta signature au Château Marmont et au Sunset Marquis.

— J'ai pu y aller deux ou trois fois, mais j'ai toujours recrédité ton compte. Pour les autres reçus, il est possible que quelqu'un ait imité ma signature. Peut-être même Hunt. D'ailleurs...

Alarmée par le ton embarrassé de Brigitte, Tallie la dévisagea.

— ... je crois qu'il a une maîtresse. J'ai eu des soupçons et j'ai posé la question à un ami qui travaille pour lui. Il me l'a confirmé. Hunt entretiendrait une liaison avec une de ses secrétaires, âgée de vingt-cinq ou vingt-six ans. D'après mon ami, elle a quitté son mari, un homme violent. Celui-ci n'a pas supporté qu'elle s'en aille, et il l'a rouée de coups, ainsi que leur fils de trois ans. Hunt l'a aidée dans ces moments difficiles, et tout est parti de là, je suppose. Ça dure depuis un an à peu près. Ils se retrouvent à l'hôtel, surtout quand tu es en tournage, j'imagine. D'après ta femme de ménage, il ne passe plus jamais la nuit à la maison quand tu es absente.

Tallie fut anéantie par cette révélation.

— Et tout le monde est au courant à part moi, c'est ça ?

Non content de lui prendre son argent, Hunt la trompait par-dessus le marché. Quelle idiote elle était ! Jamais elle ne l'aurait cru capable d'une telle duplicité. Au lieu d'être le meilleur compagnon qu'elle pensait avoir trouvé, il était en fait le pire.

— Que vas-tu faire ? demanda Brigitte, inquiète. Je te promets que je n'ai songé qu'à te protéger, à t'éviter d'avoir de la peine. Je croyais que sa liaison avec cette fille ne durerait pas. Mais en fait, on raconte que c'est très sérieux, et qu'elle veut l'épouser dès qu'elle sera libre : elle attend que son divorce soit prononcé.

— Et quand Hunt comptait-il m'annoncer cette charmante nouvelle ? Après leur lune de miel ? Quel salaud !

— Je m'en veux terriblement, Tallie. Je ne vaux guère mieux. J'aurais dû te parler de l'argent bien plus tôt. Pour ce qui est de la fille, je n'ai appris sa liaison avec elle qu'il y a six mois, mais là aussi j'aurais dû t'avertir tout de suite. J'ai pris toutes les mauvaises décisions, je suis désolée. Me pardonneras-tu ?

Sa contrition toucha Tallie, mais Brigitte s'était vraiment montrée déloyale envers elle.

— Il faut que je réfléchisse, murmura-t-elle, sous le choc. J'ai besoin de temps pour assimiler ces révélations. Je ne pense pas avoir mérité tout ça.

Elle avait les larmes aux yeux.

— Je croyais que tu préférerais qu'il reste à tes côtés, souffla Brigitte d'un ton navré.

— Je ne resterais avec personne à ce prix, quels que soient mes sentiments au départ. Je n'ai pas besoin d'un homme à ce point-là !

L'infidélité de Hunt la blessait infiniment plus que ses vols. L'argent pouvait toujours être remplacé, mais pas la confiance absolue qu'elle avait eue en lui. Ni même la confiance en général. Après tant de déceptions, comment oserait-elle se fier à son propre jugement à l'avenir ? Pourrait-elle jamais avoir de nouveau confiance en quelqu'un ?

— Je suis désolée, répéta Brigitte en pleurant.

Tallie jeta un coup d'œil à sa montre et déclara qu'il était temps d'aller travailler. Elle ne chercha pas à réconforter son amie, se sentant bien trop bouleversée par ce qu'elle considérait comme une trahison de sa part.

Elle aurait bien tout laissé tomber ce jour-là, mais elle n'avait pas le choix : les techniciens et les acteurs l'attendaient. Et elle devait achever son film. Le plus tôt serait le mieux.

Elle décida de s'assurer que la version des faits donnée par Brigitte était exacte avant de parler à Hunt. Il faudrait cependant qu'elle fasse avec lui comme si de rien n'était. Ç'allait être un calvaire.

— Tu vas me licencier ? lui demanda Brigitte.

— Je ne sais pas encore. Je veux réfléchir à tout ça.

Tallie était sincère : l'esprit embrumé par ce qu'elle venait d'apprendre, elle ne pouvait prendre la moindre décision pour le moment. Cette réponse représentait le mieux qu'elle puisse offrir à Brigitte. Elles se remirent en route en silence, le cœur lourd. Tallie avait l'impression que son univers s'était écroulé.

Une nouvelle fois.

6

Ce soir-là, Tallie décida de rester à Palm Springs. L'idée de rentrer chez elle lui était insupportable, d'autant plus qu'elle ne voulait pas affronter Hunt sur-le-champ.

Elle tenait aussi à garder ses distances vis-à-vis de Brigitte. Même si celle-ci avait cru bien faire, elle avait terriblement mal agi en lui taisant la conduite de Hunt. Tallie ne parvenait toujours pas à comprendre pourquoi ce dernier lui dérobait de l'argent. Et s'il avait réellement une liaison, il avait détruit le dernier vestige de foi qu'elle avait en lui.

Elle s'allongea sur le lit, luttant contre la nausée. Elle réprima l'envie de téléphoner à Maxine, car sa fille devinerait au son de sa voix que quelque chose n'allait pas. A quoi bon lui faire de la peine avant d'être sûre de la culpabilité de Hunt ? Maxine adorait son beau-père. Ce serait un coup dur pour elle aussi.

Tallie ne prit pas la peine de commander à dîner. A vingt et une heures, après avoir longuement pleuré, elle se décida à appeler Greg Thomas, son avocat. Compétent et discret, il se chargeait principalement de rédiger ses contrats, mais s'était également occupé de quelques questions personnelles et lui avait évité des procès.

— C'est Tallie, Greg, dit-elle d'un ton plat. Excusez-moi de vous déranger à une heure aussi tardive.

— Bonsoir, Tallie. Que se passe-t-il ?

La jeune femme le contactait d'ordinaire pendant la journée, et à son cabinet. Il devait donc s'agir d'une urgence pour qu'elle ait pris la liberté de lui téléphoner à son domicile.

— Le principal investisseur de notre prochain film a tenu à faire réaliser un audit, lui expliqua-t-elle sans préambule. Plusieurs anomalies préoccupantes ont été mises au jour dans mes comptes.

— Je vois. Que puis-je faire pour vous ?

— J'aimerais que vous me donniez le nom d'un détective privé. Je veux procéder à des vérifications. On m'a rapporté des histoires épouvantables et j'ai pas mal de sorties d'argent inexpliquées. En fait, ce n'est pas joli-joli. Il semblerait que Hunt non seulement me vole, mais encore me trompe. Je veux en avoir la preuve avant de l'accuser.

— Hunt ? Ce n'est pas possible !

Greg était abasourdi. Il avait rencontré le producteur à plusieurs reprises et l'avait trouvé très sympathique. Professionnellement, il avait rédigé le contrat stipulant les termes de l'association professionnelle entre Tallie et Hunt.

— Si, Hunt. Il faut croire que je me suis trompée du tout au tout sur son compte, répondit Tallie d'un ton amer.

— Hmm, quoi qu'il en soit, vous avez raison de vérifier ces informations avant de lui en parler. Qui vous a raconté tout ça ?

— Mon comptable m'a alertée pour les sorties d'argent et mon assistante vient de m'avouer que Hunt lui extorque mon argent depuis trois ans et qu'elle était au courant de sa liaison. Elle pensait me rendre service en se taisant.

— Vous la connaissez depuis longtemps ?

— Je l'emploie depuis dix-sept ans et je n'ai jamais eu la moindre raison de douter de sa loyauté. Elle est comme une sœur pour moi. En plus, elle est issue d'une famille fortunée et n'a donc aucune raison de détourner de l'argent à son profit. Jusqu'à aujourd'hui, je lui aurais confié ma vie, ma fille, tout ce que j'ai de plus cher.

— Vous savez, Tallie, on ne peut jamais savoir ce qui se passe dans la tête des gens. Il arrive que des personnes qui n'ont aucune raison d'être malhonnêtes soient pathologiquement incapables de bien se conduire. La nature humaine est parfois effrayante.

Tallie songea alors que, si ce qu'elle venait d'apprendre était exact, cette « pathologie » s'appliquait à Hunt.

— Je suis navré, reprit-il. Je sais combien ce doit être éprouvant pour vous.

Dans sa carrière, il avait connu des cas similaires et avait été témoin de la détresse dans laquelle de telles affaires pouvaient plonger toutes les parties impliquées.

— Si vous voulez un détective, je vous suggère de faire appel à Meg Simpson. Elle est très bien, elle était au FBI avant, puis elle a ouvert son propre cabinet d'investigation. Elle est intelligente, sympathique et extrêmement rigoureuse. Je vais voir quelles sont ses disponibilités pour un rendez-vous et je vous rappelle.

Tallie raccrocha. Pendant qu'elle patientait, le numéro de Hunt s'afficha sur l'écran de son Black-Berry. Son cœur fit un bond dans sa poitrine. Elle n'avait aucune envie de lui parler, mais devait continuer à donner le change pour ne pas lui mettre la puce à l'oreille. Elle répondit, tremblante.

— Tu me manques, déclara-t-il en guise de salut.

Comme il l'appelait de son portable, impossible pour Tallie de deviner où il se trouvait. Peut-être s'apprêtait-il à passer la nuit à l'hôtel avec sa maîtresse.

— Toi aussi, murmura-t-elle.

Ses paroles sonnèrent faux à ses propres oreilles.

— Le tournage s'est bien passé aujourd'hui ? l'interrogea-t-il d'une voix gaie, détendue.

— Ça avance.

— Je viens demain à Palm Springs, si tu veux, proposa-t-il d'un ton affectueux.

Elle hésita sur la conduite à tenir, ne sachant comment l'en empêcher.

— Euh, ce serait génial, mais nous allons sûrement tourner de nuit. Je t'appellerai en fin de journée pour te dire ce qu'il en est.

— Pas de problème.

Soudain, Hunt parut vouloir couper court à la conversation, comme s'il était arrivé à destination. Tallie, elle, se sentait nauséeuse. Elle venait de lui mentir pour le dissuader de venir. Voilà qu'elle se mettait à faire comme lui, songea-t-elle avec amertume. Dire qu'elle avait cru que leur relation était basée sur la confiance et la franchise, alors qu'il n'avait cessé de mentir. Tout ce que Hunt et elle avaient partagé quatre ans durant lui semblait irrémédiablement souillé.

— Je t'appelle plus tard, promit-il.

Elle raccrocha juste au moment où le téléphone de sa chambre se mettait à sonner.

— J'ai parlé à Meg Simpson, annonça l'avocat. Elle est prête à vous rencontrer dès que vous aurez un moment de libre. Vendredi, c'est possible ?

— Oui. Je m'arrangerai. Je pense pouvoir être à Los Angeles vers dix-huit heures. Ce ne sera pas trop tard ?

Tallie tenait maintenant à ce que l'enquête débute le plus vite possible. Toutes ces questions en suspens la rongeaient. Elle voulait trancher dans le vif.

— Non, je ne pense pas. Je lui ai expliqué ce que vous attendiez d'elle. Je vous donne son numéro, vous pouvez l'appeler dès ce soir.

— Merci, Greg.

— Ne me remerciez pas, Tallie. Je suis désolé que vous soyez confrontée à ce genre de situation.

Tallie téléphona. La voix de Meg Simpson était jeune et chaleureuse, et son écoute très professionnelle. Après une brève conversation, elles se donnèrent rendez-vous vendredi à dix-huit heures. Tallie n'avait aucune scène importante à tourner ce jour-là, et elle savait que l'assistant réalisateur serait ravi de la remplacer.

— Pourriez-vous apporter quelques photos du sujet ? demanda Meg.

— Vous en trouverez sur son site Internet. Je vous envoie le lien par e-mail.

— Parfait. Et en ce qui concerne Brigitte Parker, comment souhaitez-vous procéder ?

Tallie déglutit avec difficulté. Ce qu'elle s'apprêtait à faire lui semblait si intrusif, si mesquin. Et pourtant, ce n'était pas pire que de tromper quelqu'un et de lui voler son argent.

— Je n'ai aucune raison de soupçonner Brigitte de quoi que ce soit. Je crois que la seule chose dont elle se soit rendue coupable, c'est de m'avoir tu ce qu'elle savait au sujet de Hunt.

Toutefois, Tallie ne pouvait s'empêcher de s'interroger sur le fait que Brigitte niait avoir réglé les notes d'hôtel sauf deux, alors que chaque facture portait sa signature…

— Je ne peux que vous conseiller, répondit Meg, mais, à mon avis, il est préférable d'enquêter sur l'un et l'autre. Vous avez des dépenses inexpliquées et un problème d'ordre sentimental avec votre compagnon. Les deux ne sont pas nécessairement liés, mais qui sait ?

— Mon assistante croyait bien faire en se taisant. Elle ne voulait pas me faire de peine. Que ferons-nous des informations que vous trouverez ? voulut savoir Tallie.

Elle se sentait dépassée par les événements. Depuis dimanche, son existence était sens dessus dessous. Elle avait l'impression de vivre dans le brouillard. Le travail seul parvenait à lui faire oublier ce qu'elle endurait. Le reste du temps, elle était distraite, angoissée, en colère, voire en proie à la panique.

— Ce sera à vous de décider, répliqua Meg. Côté cœur, chacun réagit à sa manière. J'ai des clients qui, lorsqu'ils découvrent des faits accablants sur leur partenaire, ne font rien. D'autres à l'inverse apportent à leur vie des changements radicaux. Ils partent faire le tour du monde ou s'installent à la campagne. Pour ce qui est de l'argent, selon ce que je découvrirai, vous souhaiterez peut-être porter plainte. Tout dépend s'il y a eu délit ou non. Vous serez la meilleure juge. Mon rôle consiste à vous fournir des informations et, le cas échéant, des preuves.

Les propos de Meg firent réfléchir Tallie. Comment pouvait-on accepter d'être trompé ? En ce qui la concernait, jamais elle ne pourrait pardonner à Hunt son infidélité si elle était avérée. Elle lui demanderait de déménager. Ensuite, elle devrait songer à l'arrêt de leur collaboration professionnelle. Quel gâchis ! Quoi qu'il en soit, il était hors de question qu'elle ferme les yeux. Ce n'était pas comme si elle était mariée et mère de jeunes enfants et qu'elle veuille désespérément sauver son couple et leur assurer une stabilité familiale.

Eu égard à la question financière en revanche, elle ne porterait pas plainte contre lui, même s'il lui avait pris de l'argent pendant trois ans. Elle exigerait seulement qu'il la rembourse. Il en avait les moyens, et elle était sûre qu'il le ferait. Cela resterait une affaire privée.

Quant à Brigitte... Si celle-ci avait fait un usage abusif de sa carte bancaire pour des séjours à l'hôtel, une explication s'imposait. Qu'elle ait outrepassé ses droits n'était pas acceptable, mais ne constituait pas non plus un crime passible d'une action en justice.

— Je ne crois pas qu'il sera nécessaire de faire appel aux autorités, murmura Tallie.

— Ne décidez pas d'une manière trop hâtive, conseilla Meg. Il s'agit de sommes très importantes. Nous verrons où l'enquête va nous mener.

Tallie envisagea vaguement de demander à Meg d'enquêter sur Victor aussi, mais cela paraissait un peu excessif. Au fond, elle ne doutait pas de l'honnêteté de son comptable. C'était lui qui avait remarqué les sorties d'argent, il était donc a priori hors de cause. Cependant, elle ne pouvait s'empêcher de s'interroger sur le fait qu'il ne s'était aperçu de rien avant. Cette négligence était-elle suspecte ? Il serait toujours temps de voir cela plus tard.

La conversation terminée, Tallie resta songeuse un moment. Son cœur et sa confiance lui semblaient atteints de manière irrémédiable. Seul le temps pourrait apaiser les choses. Puis elle envoya à Meg les photos de Brigitte et de Hunt qu'elle avait dans son téléphone. A peine avait-elle fini que Brigitte l'appela.

— As-tu besoin de quelque chose ? Tu veux que je vienne ?

— Non, merci, répondit Tallie.

— Je m'en veux vraiment, tu sais. Je suis désolée d'avoir agi ainsi. Je ne recommencerai plus. Mon instinct a toujours été de te protéger, mais là j'ai fait exactement le contraire.

Tallie ne lui parla pas de l'enquête. Elle mit fin à la conversation et resta allongée sur son lit, les yeux grands ouverts, incapable de s'endormir. Hunt ne rappela pas ce soir-là. Il lui envoya un SMS, lui souhaitant de faire de beaux rêves et l'assurant de son

amour. De beaux rêves ? Comment osait-il ? Tallie
sentit les larmes lui brûler les joues. Etait-il avec sa
maîtresse ? Etait-ce pour cette raison qu'il n'avait pas
eu envie de lui parler de vive voix ?

Elle éteignit son portable sans lui répondre.

7

Le vendredi, Tallie avertit discrètement l'assistant réalisateur qu'elle lui laisserait la main à quatre heures, car elle devait s'absenter. Ce jour-là, ils tournaient des scènes mineures ainsi que des plans larges. Comme prévu, l'assistant fut aux anges de se retrouver derrière la caméra. Elle n'informa Brigitte de son départ qu'au dernier moment.

— Je retourne en ville, lui annonça-t-elle.

Un fossé s'était indéniablement creusé entre elles, même si personne d'autre dans l'équipe ne semblait s'en être aperçu. Pour la première fois en dix-sept ans, Tallie se montrait distante et réservée envers son assistante.

— Tu veux que je te ramène ?

— Non, merci. J'ai besoin d'être seule. J'emprunte une voiture du tournage jusqu'à lundi. Tu es libre de rentrer chez toi quand tu voudras.

Brigitte répondit qu'elle resterait à Palm Springs, s'abstenant de préciser qu'elle avait prévu de passer le week-end sur place avec son amant.

Tallie partit rapidement, après avoir demandé à son assistant de lui envoyer les modifications de script durant le week-end. Elle n'était guère d'humeur à s'en occuper, mais elle ne se laisserait pas aller à négliger son travail sous prétexte que sa vie privée s'écroulait comme un château de cartes.

Deux heures plus tard, elle se présentait au bureau de Margaret Simpson, vêtue d'un tee-shirt abîmé et d'un jean. Il ne lui était même pas venu à l'esprit de se changer pour ce rendez-vous. Son apparence, plus que jamais, était le cadet de ses soucis.

Pour sa part, Meg était élégante. Elle portait un tailleur-pantalon bleu marine et un chemisier blanc. Avec son maquillage discret et ses longs cheveux noirs rassemblés en une queue-de-cheval lisse, on aurait pu la prendre pour un médecin ou une avocate, car il émanait d'elle une certaine autorité. Âgée de quarante-deux ans, elle dirigeait son cabinet privé depuis qu'elle avait quitté le FBI pour se marier et avoir des enfants, une dizaine d'années auparavant. Elle mentionna brièvement son expérience au sein du bureau fédéral, afin de rassurer Tallie sur sa compétence.

Puis elle lui posa une longue série de questions concernant Hunt et Brigitte, leurs habitudes et les endroits qu'ils fréquentaient. Tallie lui donna le numéro de la plaque d'immatriculation de la voiture de Hunt. Elle ne connaissait pas celle de Brigitte, mais son véhicule, aisément reconnaissable, serait facile à repérer. De toute façon, Meg pourrait obtenir ces renseignements par l'intermédiaire de ses contacts. Tallie ajouta que Brigitte serait à Palm Springs ce week-end, sans doute en compagnie d'un homme. Ensuite, elle lui rapporta les propos de son assistante sur la maîtresse supposée de Hunt, précisant qu'elle ne connaissait pas son identité.

Meg la rassura : elle en savait bien assez pour démarrer son investigation. Brigitte et Hunt feraient l'un et l'autre l'objet d'une surveillance jusqu'au moment où elle aurait rassemblé assez d'éléments pour permettre à Tallie de tirer ses conclusions. Puis Meg lui fit part de ses honoraires.

Même s'ils étaient élevés, ils semblèrent plutôt raisonnables à Tallie, vu le travail demandé. Toutefois, elle soupçonnait fort que la surveillance de Brigitte se révélerait inutile ; elle se souciait peu en effet de savoir avec qui cette dernière passait ses nuits. Elle évoqua le passé de son assistante, sa famille fortunée, et tous les avantages en nature que lui procurait son poste, autant de raisons qui rendaient peu probable l'hypothèse qu'elle ait commis des malversations.

C'était Hunt qui devait être le principal objet de la filature, insista Tallie. Elle tenait à éclaircir au plus vite cette affaire si douloureuse. Son compagnon n'était-il resté avec elle que par intérêt, pour les films qu'ils tournaient ensemble ? Si Meg ne pouvait lui révéler ses motivations profondes, au moins sauraitelle s'il entretenait une liaison, avec qui, et depuis combien de temps. Tallie avait confiance dans les capacités de la détective à lui apporter les preuves qu'elle cherchait.

Lorsque Tallie quitta Meg, à vingt heures passées, elle se demanda brusquement si Hunt serait à la maison, mais elle décida de ne pas l'appeler. Quant à Brigitte, elle lui avait envoyé un SMS dans lequel elle espérait que Tallie était rentrée sans encombre. Elle avait peur de perdre son emploi, c'était évident, et cela attristait Tallie. Leur amitié avait subi un sérieux revers cette semaine, et seul l'avenir dirait si les dégâts étaient réparables.

Mue par une impulsion, Tallie s'arrêta chez son père sur le chemin du retour. Amelia, une employée de maison salvadorienne, s'occupait de lui pendant la journée, mais il se débrouillait seul le soir venu.

Il vint l'accueillir à la porte en s'aidant de son déambulateur. Malgré son âge avancé, son regard était plus vif que jamais, et son caractère tout aussi résolu qu'à l'époque où il plaidait au tribunal.

— Eh bien, en voilà une agréable surprise ! s'exclama-t-il en souriant, s'effaçant pour la laisser entrer. Quel bon vent t'amène ?

— Je rentrais à la maison. Comment vas-tu, papa ?

Elle se pencha pour l'embrasser et le suivit au salon. Tallie eut le cœur serré en le voyant s'asseoir avec difficulté. Elle se faisait du souci pour lui. Sa pire crainte était qu'il fasse une mauvaise chute. Têtu, il insistait pour continuer à vivre de manière indépendante.

— Je m'inquiète pour toi, ma chérie. As-tu du nouveau concernant ces comptes ?

— Je viens d'engager un détective privé. J'espère avoir des informations très vite. D'après Brigitte, Hunt a une liaison. Quant à l'argent volé, je n'y comprends rien. Ni lui ni Brigitte n'ont de raison de faire ça.

Sam regarda sa fille. Elle semblait lasse et déprimée. Rien de bien étonnant après ces révélations. Elles l'affligeaient, lui aussi.

— Quelqu'un d'autre pourrait-il être à l'origine de ces vols ? s'enquit-il.

— Hormis mon comptable, je ne vois pas. Mais cela me paraît tellement improbable. C'est un homme d'une honnêteté scrupuleuse, qui s'occupe de mes finances depuis près de vingt ans. Pourquoi se serait-il mis à puiser dans la caisse ?

— Peut-être a-t-il des ennuis d'argent. La situation financière des gens peut basculer dans le rouge. Tu devrais prendre des renseignements sur lui.

— Je le ferai. Mais d'abord je veux être fixée sur les agissements de Hunt et de Brigitte. Je dois savoir en qui je peux avoir confiance.

— J'espère vraiment que Hunt ne t'a pas trompée. J'ai toujours eu beaucoup d'affection pour lui jusqu'à maintenant... Je pensais que c'était l'homme idéal pour toi.

— Oui, moi aussi, répondit Tallie d'un ton morose.

Elle se demandait comment elle allait pouvoir jouer la comédie face à lui ce soir ?

— Tu as mangé, papa ? demanda-t-elle avec sollicitude.

Il acquiesça.

— C'est toi qui dois faire attention à toi, ma chérie, répondit-il en l'enveloppant d'un regard empli d'amour. Tu passes par des moments difficiles.

Tallie soupira.

— J'ai l'impression que ma vie entière s'est brisée en mille morceaux. Je n'ai pas encore parlé de tout ça à Maxine pour l'instant. Tu sais comme elle adore Hunt.

Tallie ne voulait pas gâcher leur relation, du moins pas avant d'avoir la preuve qu'il avait une liaison. Peut-être s'était-il tracassé au sujet de cette secrétaire et avait-il été prévenant envers elle, sans plus. C'était un espoir bien mince, auquel Tallie se cramponnait.

Elle bavarda avec son père encore un moment avant de se décider à rentrer. Chez elle, elle trouva un mot de Hunt l'avertissant qu'il prenait un verre avec les avocats de M. Nakamura afin de mettre au point les derniers détails du contrat. Il promettait de ne pas rentrer tard. En effet, il arriva peu après. Tallie, épuisée, était étendue sur le lit.

— Tu as l'air lessivée, lança-t-il en retirant sa veste, qu'il jeta négligemment sur une chaise.

— Je le suis, dit-elle sans bouger. La semaine a été rude.

— Eh bien, je suis content que le tournage en extérieur soit bientôt terminé. Tu me manques, tu sais, quand tu restes à Palm Springs.

Il s'assit à côté d'elle en souriant. Tallie était partagée entre l'envie de pleurer, de le frapper ou de le serrer de toutes ses forces dans ses bras.

— C'est vrai ? demanda-t-elle d'une petite voix.

— Bien sûr que oui, idiote. Tu veux qu'on dîne à l'extérieur ?

Elle secoua la tête, trop abattue pour sortir.

— Pas vraiment.

— Je nous prépare quelque chose, alors ?

Elle acquiesça, se demandant combien d'autres soirées elle aurait avec lui, combien de repas maison et de nuits partagées. Si Meg lui confirmait qu'il avait une liaison, elle mettrait fin à tout ça. Cette pensée l'emplissait d'une immense tristesse. Au fond d'elle-même, elle n'espérait qu'une chose : que les dires de Brigitte ne soient pas fondés.

Hunt prépara une omelette-salade, déboucha une bouteille du vin favori de Tallie et mit un peu de musique. Il voulut savoir comment s'étaient passés les deux derniers jours de tournage, mais Tallie avait la gorge nouée. Après dîner, elle prit une douche et alla se coucher. Elle avait à peine prononcé une parole de toute la soirée.

— Ça ne va pas ? demanda-t-il, l'air inquiet.

— Je crois que je couve quelque chose. Je me sens bizarre depuis hier.

— Dans ce cas, il faut te reposer, affirma-t-il en la bordant.

Il descendit dans son bureau pour étudier des documents que les avocats lui avaient remis. Quand il revint, Tallie feignit d'être endormie. Submergée par un profond sentiment de solitude, elle ne put retenir ses larmes.

Le lendemain matin de bonne heure, elle se rendit à la salle de sport, puis téléphona à Maxine. Celle-ci déjeunait avec des amies dans un endroit bruyant et lui promit qu'elle la rappellerait plus tard.

Le week-end fut interminable. Le samedi soir, Hunt proposa d'aller voir un film. Tallie avait l'impression de couler à pic. Combien de temps cette comédie durerait-elle ? Combien de temps prendrait l'enquête ? Seraient-ils sous surveillance au cinéma ?

Le dimanche, ils invitèrent Sam à déjeuner au Ivy. Une idée de Hunt. Il avait toujours été attentionné avec son père, ce qui ne faisait qu'ajouter à la détresse de Tallie. Elle n'arrivait pas à concevoir que leur relation puisse vivre ses derniers instants. Elle commençait à comprendre pourquoi les gens se refusaient parfois à une confrontation avec leur conjoint, ainsi que Meg le lui avait dit. Il y avait tant à perdre ! Malgré tout, elle ne pouvait s'imaginer maintenir une vie commune avec Hunt en sachant qu'il lui était infidèle. Elle en serait incapable.

Son père fit un effort pour paraître normal, mais elle le sentait aussi préoccupé qu'elle. Ils déjeunèrent en terrasse et plusieurs personnes de leur connaissance vinrent les saluer. Tallie eut toutes les peines du monde à faire bonne figure.

Brigitte l'appela à deux reprises durant le week-end, ce qui était inhabituel. Elle était au spa, un endroit génial selon ses dires, mais le fait même qu'elle lui téléphone montrait qu'elle était inquiète. Elle appréhendait l'avenir.

En revanche, Hunt n'avait pas l'air troublé le moins du monde. Il fit une tendre tentative pour lui faire l'amour le dimanche soir, mais Tallie se déroba. Elle prétendit qu'elle avait la grippe. A la suite de quoi Hunt prépara du bouillon de poulet, qu'il lui apporta sur un plateau.

— Tu n'es pas obligé de me gâter comme ça, dit-elle, les larmes aux yeux.

— J'en ai envie. Je t'aime, Tallie.

Il paraissait si sincère… Tallie reprit espoir : peut-être Brigitte avait-elle attaché foi à des ragots. Ils bavardèrent pendant qu'elle buvait son bouillon. Ensuite, il tapota ses oreillers et l'embrassa, mais elle ne put trouver le sommeil. Chaque fois que son esprit lâchait prise, elle était assaillie par des cauchemars.

Tôt le lundi matin, elle retourna à Palm Springs. Toute la journée, elle tenta de se motiver, de se concentrer sur le film, mais la moindre tâche lui était pénible.

Brigitte était partie pour Los Angeles et ne revint que le mardi. Elle descendit de son Aston Martin rutilante, plus sexy que jamais, et fit de son mieux pour se montrer gaie et détendue. Tallie, de son côté, comptait les heures en attendant des nouvelles de Meg. Jamais les jours ne lui avaient semblé aussi longs. Le jeudi soir, enfin, la détective appela.

— Comment allez-vous ? lui demanda-t-elle.

Sa voix était professionnelle et détachée, et Tallie réprima l'envie de hurler qu'elle voulait tout savoir sur-le-champ. Patienter une minute de plus lui paraissait au-dessus de ses forces.

— Je deviens folle à force d'attendre, avoua-t-elle.

Tallie n'était pas retournée à Los Angeles de toute la semaine. Elle avait déclaré à Hunt qu'elle se sentait trop fatiguée pour faire la navette et qu'elle ne voulait pas lui transmettre ses microbes.

— Je suis désolée, répondit Meg. A vrai dire, notre affaire est allée assez vite, même si je comprends que vous ayez trouvé le temps long.

— Interminable, confirma Tallie d'une voix éteinte, étendue sur son lit. Pouvez-vous me dire ce que vous avez découvert ?

— Je préférerais vous en parler de vive voix. Quand revenez-vous en ville ?

— Demain après-midi.

Elle était déchirée entre le désir d'insister pour que Meg lui donne les conclusions de son enquête maintenant et celui de n'en rien faire. Au fond, elle avait peur de ne pas être capable d'accueillir des nouvelles trop douloureuses.

— Je suis libre toute la journée, déclara Meg de sa voix nette.

— Disons vers quatre heures, alors ? Je tâcherai de partir d'ici après le déjeuner.

Elle rentrerait par ses propres moyens comme le week-end précédent. Ces derniers jours, elle avait évité de se retrouver en tête à tête avec Brigitte. Elle avait le sentiment qu'on lui avait bandé les yeux ; elle ne savait plus où elle était, ni à qui se fier. Seule la détective pourrait la rassurer ou, au contraire, confirmer ses pires craintes.

— Parfait, conclut Meg.

Tallie passa une nuit blanche.

Le lendemain matin, elle avait les nerfs à fleur de peau. Durant le déjeuner, elle eut une réunion avec les scriptes dans sa caravane, puis elle partit discrètement sans dire au revoir à Brigitte ni à personne d'autre. Elle roula à vive allure durant tout le trajet.

A quatre heures précises, l'estomac noué et le cœur battant la chamade, elle entra dans le bureau de Meg. Celle-ci l'accueillit avec un sourire chaleureux et l'invita à s'asseoir. Tallie s'exécuta. Le visage de Meg ne trahissait rien. Toutefois, Tallie crut déceler une pointe de compassion dans sa voix, ce qui lui parut de mauvais augure.

— Eh bien, je pense que nous avons obtenu les informations que vous vouliez. En tout cas, nous pouvons vous donner une idée globale des agissements des deux personnes sur lesquelles vous m'avez demandé d'enquêter.

Un épais dossier était posé devant elle.

— Hunter Lloyd fait l'objet d'une surveillance depuis la semaine dernière et nous avons procédé à une première évaluation de sa situation financière. Naturellement, nous n'avons pas accès à ses relevés bancaires ; cependant, tout suggère que sa position est saine. Il dépense largement, comme vous le savez sans doute, mais il jouit de revenus importants et possède un portefeuille immobilier et des placements solides. Certes, quelque chose peut nous avoir échappé – comme je vous l'ai dit, nous n'en sommes qu'à l'investigation préliminaire –, mais mon instinct me dit que ce n'est pas lui qui vous vole.

Ainsi, Brigitte avait menti, songea Tallie, à demi soulagée. De ce point de vue, au moins, Hunt était innocent et les conclusions de Meg confirmaient sa propre intuition. Pourquoi Hunt l'aurait-il spoliée ? Sa fortune était beaucoup plus grande que la sienne, et elle savait qu'il n'était pas cupide, loin de là. Il s'était toujours montré généreux avec elle, payant largement sa part.

— Le reste, en revanche, est plus troublant. D'après nos sources, M. Lloyd a en effet une liaison, qui dure depuis environ un an. Cette jeune femme, qui est une de ses employées, a été plusieurs fois victime de violences de la part de son ex-mari, au point même d'être hospitalisée. Elle attend actuellement que le divorce soit officiellement prononcé, ce qui devrait intervenir dans à peu près deux mois. Son ex-mari a été incarcéré à plusieurs reprises pour coups et blessures sur elle et leur fils de trois ans.

« M. Lloyd retrouve cette personne au Château Marmont ou au Sunset Marquis, et passe souvent la nuit en sa compagnie quand vous êtes en déplacement. Cela s'est produit trois fois cette semaine.

Peut-être a-t-elle peur qu'il vienne chez elle au cas où son ex-mari l'espionnerait.

Meg sortit alors du classeur plusieurs photos, qu'elle étala sur le bureau devant Tallie. Sur l'un des clichés, Lloyd embrassait une ravissante jeune femme brune et, sur un autre, il avait un bras autour de ses épaules et tenait un petit garçon par la main, au zoo. Meg expliqua que les photos dataient du samedi précédent. Ce samedi où Hunt lui avait dit qu'il disputait un match de tennis contre un ami, songea Tallie.

— Elle s'appelle Angela Morissey, reprit Meg, et est âgée de vingt-six ans. Apparemment, il a déclaré à plusieurs personnes qu'il avait l'intention de l'épouser. Elle l'a confié à divers amis.

Il y avait d'autres photos d'eux allant au cinéma, sortant d'un restaurant avec le garçonnet ou descendant de voiture au Sunset Marquis. C'était comme si Hunt menait une double vie. Ils avaient l'air heureux tous les trois, et Tallie ne put s'empêcher de se demander si elle l'avait déçu d'une manière ou d'une autre. Peut-être se plaignait-elle trop, était-elle trop fatiguée après ses longues journées de travail ? A moins qu'il ne la trouve trop vieille, tout simplement ?

Elle fixait les photos, le cœur en miettes, luttant contre les larmes. C'était comme d'entrer dans le cabinet du médecin et de s'entendre dire qu'on était atteint d'un cancer. Hunt la trompait depuis un an. Depuis douze mois, il lui mentait et couchait avec une autre, une fille superbe, qui avait treize ans de moins qu'elle et dont il semblait fou amoureux.

— Il y a autre chose, continua Meg d'une voix douce, voyant combien Tallie était secouée par ce qu'elle lui annonçait. M. Lloyd a eu une autre liaison avant celle-ci. Il retrouvait également cette femme dans les deux mêmes établissements. Nous n'avons pas sa photo, toutefois, je doute qu'il soit nécessaire d'en obtenir une. Blonde, très belle, très sexy, elle s'appelle Brigitte. Cette relation a duré environ trois ans.

Abasourdie, horrifiée, Tallie se sentit mal. Meg s'empressa de lui tendre un verre d'eau. Elle en but une gorgée et le reposa, regardant l'enquêtrice sans la voir tandis que celle-ci poursuivait :

— Il semblerait que cette description corresponde en tout point à celle de votre assistante.

Voilà qui expliquait les factures que Brigitte avait réglées à plusieurs reprises jusqu'à l'année précédente, songea Tallie, hébétée. Soit par négligence, soit par arrogance, elle s'était imaginé que Tallie n'en saurait rien, puisqu'elle ne regardait jamais ses relevés. Seul l'audit récent de Victor avait permis de mettre tout cela au jour.

— D'après notre enquête, cette relation a pris fin quand M. Lloyd a commencé à voir Mlle Morissey ; Brigitte l'a très mal vécu. De plus, bien qu'elle touche un salaire plus que confortable, ses dettes sont considérables et vous semblez être son unique source de revenus. Contrairement à ce qu'elle prétend, rien ne suggère qu'elle dispose d'une fortune familiale. Et elle dépense *énormément*. Elle entretient actuellement une liaison avec un certain Tommy Apple, qui a un rôle mineur dans le film que vous tournez en ce moment. Elle a passé le week-end dernier avec lui.

Meg lui montra plusieurs photos du couple, mais Tallie n'en avait cure. Une seule pensée l'obsédait : elle avait été cruellement trahie. Hunt l'avait trompée constamment au cours des quatre années qu'ils avaient passées ensemble. Depuis le début de leur relation, en fait. Ne possédait-il pas la moindre décence, la moindre intégrité ?

Mais, si meurtrie fût-elle par la conduite de son compagnon, qui se révélait être un coureur de jupons et un menteur invétéré, elle l'était encore davantage par celle de Brigitte. La jeune femme avait été sa meilleure amie dix-sept ans durant, comment avait-elle pu agir de la sorte ? Tallie était à cent lieues de s'attendre à pareille désillusion.

Elle fixa Meg, assommée et incrédule.

— Vous êtes sûre de ce que vous avancez ? demanda-t-elle d'une voix sourde.

— Je pense, oui. Nos sources sont catégoriques, et les preuves irréfutables.

La détective était sincèrement navrée d'avoir à lui annoncer tout cela. Néanmoins, elle reprit :

— Je voudrais aussi aborder avec vous la question de l'argent disparu. Vous avez perdu près d'un million de dollars ; il me semble que vous devriez contacter les autorités à ce sujet. Je doute que Hunter Lloyd soit impliqué, mais on ne sait jamais. Il se pourrait que vous soyez la cible de plusieurs escrocs, ou d'un seul, très habile. Je crois qu'il faudrait continuer à enquêter sur Hunter Lloyd, juste pour en avoir le cœur net, ainsi que sur Brigitte Parker et sur votre comptable, Victor Carson.

Tallie eut envie de se jeter par terre et de sangloter, mais elle parvint à maîtriser ses émotions.

— A qui pourrais-je m'adresser pour cette partie du dossier ? demanda-t-elle, désemparée.

— J'ai expliqué la situation à l'un de mes anciens collègues du FBI, sans lui donner votre nom, évidemment. Je lui envoie des clients de temps à autre. Naturellement, vous pouvez aller trouver le procureur et la police, mais, s'il y a bel et bien eu fraude, cela relève des autorités fédérales. Mon ex-collègue est prêt à vous rencontrer dès ce week-end. Je vous recommande vivement d'accepter.

Elle écrivit un nom et un numéro de téléphone portable sur une carte de visite qu'elle tendit à Tallie.

— Il s'appelle Jim Kingston ; il attend votre appel.

— Tout cela est horrible. Qu'est-ce que je vais faire maintenant ?

— Je vous conseille de parler à ce monsieur avant tout. Il saura exactement comment procéder. Notamment, il ne faudrait pas que Mlle Parker se doute que vous la soupçonnez, sinon elle pourrait se volatiliser. Concernant Hunter Lloyd, l'affaire est moins sensible, mais plus délicate pour vous, étant donné la situation d'adultère. Cela dit, à votre place, je ne parlerais pas de l'argent volé avec lui non plus, ni avec votre comptable.

Tallie glissa la carte de visite dans son sac, puis resta immobile un instant.

Elle se leva enfin, ne sachant absolument pas quoi faire. Elle se sentait déboussolée, la tête prise dans un étau, la gorge si nouée qu'elle avait l'impression de manquer d'air.

— Je regrette d'avoir eu de si mauvaises nouvelles à vous apprendre, murmura Meg.

Ces entretiens étaient le seul aspect déplaisant de son travail. Découvrir les morceaux manquants du puzzle était passionnant, mais voir l'expression du regard de sa cliente lui serrait le cœur.

Elle la raccompagna jusqu'à la porte de son cabinet, lui disant de ne pas hésiter à l'appeler en cas de besoin. Tallie hocha la tête, incapable d'articuler un mot.

— Vous pouvez conserver ceci, ajouta Meg en lui tendant le dossier. Nous avons des copies de toutes les pièces.

Tallie le prit, les larmes aux yeux. Elle aurait tout donné pour revenir en arrière.

— Merci pour votre travail, dit-elle. J'appellerai votre contact au FBI ce soir.

— Je l'espère, insista Meg. Il faut trouver l'identité des voleurs.

Tallie acquiesça et quitta le bureau d'un pas chancelant, hantée par ce qu'elle venait d'apprendre. Elle ne pouvait chasser de son esprit la photo de Hunt en train d'embrasser Angela. Elle jeta le classeur sur le siège passager et démarra en sanglotant.

8

Tallie avait prévu d'appeler l'agent du FBI dès son retour, mais l'état dans lequel elle se trouvait l'en empêcha. Hunt était sorti, la maison était plongée dans l'obscurité et elle restait à pleurer, pelotonnée sur le canapé, le dossier pressé contre sa poitrine. Elle détestait tout ce qu'il contenait, mais elle finit par l'ouvrir et regarda de nouveau les photos à travers ses larmes. Celles où Hunt embrassait Angela Morissey et tenait la main de son petit garçon au zoo, seulement six jours plus tôt, lui faisaient mal plus que tout. Sa vie était en miettes.

Quand Hunt revint, une heure plus tard, elle n'avait toujours pas bougé, toujours pas allumé la lumière. Un sac de courses dans les bras, il pénétra directement dans la cuisine sans s'apercevoir de sa présence. Elle se leva et le suivit, les jambes tremblantes, le visage défait, le classeur entre les mains. Il sursauta à sa vue.

— Ma pauvre chérie, tu as une mine épouvantable. Tu es malade ? Tu devrais te coucher. Je vais te préparer une soupe.

Il était de bonne humeur et elle n'osait même pas essayer d'imaginer pourquoi. C'était à se demander pourquoi il prenait la peine de revenir, puisqu'il passait toutes ses nuits libres avec cette Angela et que celle-ci racontait à qui voulait l'entendre qu'ils allaient se marier. Elle comprit subitement qu'il mentait à chaque fois qu'il prétendait avoir rendez-vous avec leur investisseur japonais. Leur vie de couple n'était qu'une vaste supercherie.

— Ça va ?

Sans un mot, elle sortit un cliché du dossier et le lui tendit. Il y jeta un coup d'œil machinal, puis écarquilla les yeux et se figea. Il sembla sur le point de s'évanouir.

— Jolie partie de tennis que tu as faite le week-end dernier, ironisa-t-elle.

— Pourquoi m'as-tu fait suivre ? répliqua-t-il à voix basse alors qu'elle recommençait à pleurer. Je te l'aurais dit si tu me l'avais demandé.

— Je ne me doutais de rien, figure-toi ! Il a fallu que j'engage un détective pour l'apprendre. Il paraît que vous allez vous marier. C'est vrai ?

Il demeura un long moment silencieux.

— Je ne sais pas, avoua-t-il. Je ne sais plus où j'en suis. Je n'ai jamais voulu que ça arrive. J'ai eu pitié d'elle. Elle avait échoué à l'hôpital après avoir été tabassée par son mari. J'ai essayé de l'aider. Et puis, de fil en aiguille... Tallie, je vous aime toutes les deux. J'aime notre vie ensemble, et notre travail... mais c'est une fille adorable et elle a besoin de moi.

Tallie le vit soudain tel qu'il était réellement : un homme pitoyable, faible, qui se cherchait des excuses. C'était à la fois prévisible et déchirant.

— Moi aussi, j'ai besoin de toi, fit-elle en sanglotant.

Il inspira profondément.

— Angela vient de découvrir qu'elle est enceinte. Ça complique tout.

La scène tournait au ridicule, songea Tallie. En plus, la porte du réfrigérateur était restée ouverte derrière lui. On aurait dit un épisode d'une mauvaise série télé.

— Et Brigitte ? rétorqua-t-elle d'une voix dure. Elle a eu besoin de toi, elle aussi ?

— Oh, mon Dieu, gémit-il. Elle te l'a dit ?

— Non. Elle m'a tout caché. Vous m'avez menti tous les deux. Pendant trois ans.

— Notre liaison a commencé vraiment bêtement, balbutia-t-il. Tu étais en tournage extérieur et elle est venue m'aider pour préparer mon emménagement chez toi. J'ai trouvé ça sympa de sa part. On a beaucoup bu et, sans savoir comment, je me suis retrouvé au lit avec elle, ce qui a été la pire sottise de ma vie. Le lendemain, j'ai voulu mettre fin à cette histoire, mais elle a refusé de me lâcher. Elle m'a menacé de tout te raconter. J'étais amoureux de toi et je ne voulais pas te perdre, alors je me suis laissé faire. Elle exigeait qu'on se voie deux fois par semaine. Jamais je ne l'ai aimée. Je ne savais pas comment m'en sortir.

« Et puis Angela est arrivée dans ma vie, et alors j'ai pris le risque de rompre avec Brigitte. Je suis tombé amoureux d'Angela et je vous aime toutes les deux. Je comprendrais que tu me détestes, mais, Tallie, crois-moi quand je te dis que je t'aime, je t'en supplie.

Jamais Tallie n'avait vu personne s'effondrer aussi vite. Il semblait complètement désemparé. Mais sa conduite était impardonnable, même s'il disait la vérité à propos de Brigitte. Après ce qu'elle avait appris cet après-midi, tout lui paraissait possible.

— Vas-tu renoncer à Angela ? demanda-t-elle d'un ton clair et ferme qui les étonna l'un comme l'autre.

Il la fixa d'un air accablé, incapable de répondre.

— Elle veut garder notre enfant, murmura-t-il enfin d'une voix étranglée.

— Et toi, que veux-tu ? Tu ne peux pas nous avoir toutes les deux. Tu me trompes depuis quatre ans, Hunt, depuis le début de notre relation. Je doute que je puisse te faire confiance à nouveau.

Et puis elle se surprit elle-même en ajoutant :

— Je serais peut-être disposée à essayer, mais il faudrait que tu me jures de renoncer à elle.

Des larmes roulèrent sur les joues de Hunt.

— Je ne peux pas, dit-il tout bas. Je ne peux pas lui faire ça. Pas maintenant.

— Et si elle n'était pas enceinte ?

— Je ne sais pas. Je l'aime et j'aime son petit garçon... et toi aussi. Bon sang, quel foutu gâchis !

Il se laissa tomber sur une chaise, après avoir claqué d'un geste furieux la porte du réfrigérateur.

— Pourquoi t'es-tu adressée à un détective ?

— A cause de l'argent et des notes d'hôtel. Tu as déclaré à Victor que tu étais descendu dans ces hôtels avec moi, ce qui était faux, bien sûr. Tout n'a été que mensonges, conclut-elle en se remettant à sangloter.

Tallie aurait tant aimé croire qu'elle était la proie d'un cauchemar, qu'elle allait se réveiller, que tout redeviendrait comme avant. En une seule journée, elle avait été trahie et humiliée par deux êtres en qui elle avait une entière confiance.

— Je ne t'ai pas volé d'argent, Tallie, affirma-t-il d'une voix rauque.

— Je te crois. Mais tu as menti sur tout le reste. Tu m'as trompée.

— Je ne voulais pas, protesta-t-il faiblement.

— Mais tu l'as fait quand même. Et maintenant tu ne veux pas renoncer à cette fille. Je ne vais pas rester là sans réagir pendant que tu as une liaison et un bébé avec quelqu'un d'autre !

— Je comprends, dit-il d'une voix sans timbre. Que veux-tu que je fasse ?

— Que tu partes, lâcha-t-elle spontanément.

Il hocha la tête. Ce qu'elle aurait voulu plutôt, c'était que Hunt l'aime suffisamment pour renoncer à Angela, mais ce n'était pas le cas : Tallie avait compris tout de suite que Hunt était très épris de cette femme ; on le voyait sur les clichés à sa manière de la contempler. Il ne l'avait plus regardée de cette façon depuis très longtemps. Peut-être jamais.

— J'aurais souhaité que tu l'apprennes d'une autre façon, balbutia-t-il d'un ton malheureux.

— Dans ce cas, tu aurais dû m'en parler.

— Je ne savais pas comment.

— Le détective privé l'a fait pour toi. Et une photo vaut mieux qu'un long discours, conclut-elle en jetant un coup d'œil rapide à celle où il embrassait Angela.

Il cilla.

— Tallie, je suis tellement désolé.

Il se leva et tenta de la prendre dans ses bras, mais elle se dégagea.

111

— Non, Hunt ! Inutile de rendre les choses plus douloureuses. Je crois que ça suffit comme ça. Quant à Brigitte, tu aurais pu mettre fin à cette relation si tu l'avais voulu.

— Tu ne la connais pas, elle est terrible. Elle aurait ruiné notre vie.

— Tu t'en es chargé toi-même, et tu as continué à coucher avec elle trois ans durant.

Dire que, pendant tout ce temps, elle était convaincue d'avoir trouvé l'homme de sa vie !

— Je ne ferai pas mon prochain film avec toi, Hunt, ajouta-t-elle.

Ses traits accusèrent un peu plus sa peine.

— Tallie, essayons de ne pas tout régler en une seule fois.

— Il n'y a rien à régler. Si tu choisis Angela, tout est fini entre nous. Je ne vais pas continuer à travailler avec un homme malhonnête.

Il garda le silence, les yeux assombris par la honte et le désespoir. Il avait tout gâché ; ses mensonges avaient fini par le rattraper.

— Pars sur-le-champ, répéta Tallie d'une voix étranglée.

Elle ne pourrait pas passer une nuit de plus avec lui après ce qu'il avait fait.

— Je vais prendre quelques affaires, dit-il tout bas. Je reviendrai chercher le reste quand tu seras à Palm Springs.

— Ne te donne pas cette peine, je te les ferai porter.

Il tenta de s'approcher d'elle, mais elle recula d'un pas, le foudroyant du regard. La douleur de Tallie était palpable, et Hunt prit conscience du mal qu'il lui avait fait. Il sortit de la pièce, envahi par les regrets. Et la culpabilité. A cet instant précis, il aurait tout donné pour effacer la souffrance qu'il lui infligeait ; c'était d'ailleurs la raison pour laquelle il avait constamment remis à plus tard le moment de lui parler.

Il redescendit dix minutes plus tard, un petit sac de voyage à la main. Il ne put s'empêcher de se jeter vers Tallie et de l'entourer de ses bras. Elle éclata en sanglots. Il la tint serrée contre lui un long moment, puis, sentant qu'il allait formuler des promesses qu'il ne pourrait pas tenir, il la relâcha doucement.

Les yeux humides, il sortit et referma la porte derrière lui sans se retourner.

Désemparée, Tallie ne savait comment échapper au chagrin qui l'étreignait. Elle resta immobile longtemps, songeant à Hunt, à Angela, à leur futur bébé et à Brigitte.

Elle avait été trahie de toutes parts.

9

Tallie s'endormit en pleurant. Le lendemain, elle se réveilla migraineuse et les membres lourds. Comme si elle avait trop bu.

Elle se leva à contrecœur et descendit dans la cuisine. Sans Hunt, l'avenir lui semblait sombre et vide. Un instant, elle craignit d'avoir été trop impulsive en le mettant à la porte la veille au soir, puis elle comprit qu'elle n'avait pas eu le choix. Il était impardonnable. A aucun moment il n'avait été honnête.

Mettre fin à leur vie commune était la seule solution, même si son absence creusait un gouffre affreux. Si seulement Hunt n'avait pas toujours été aussi attentionné envers elle et Maxine. Tallie avait le sentiment que son existence n'était plus qu'un champ de ruines.

N'ayant pas le courage de parler à sa fille, elle ne répondit pas au téléphone quand elle reconnut le numéro de Maxine, redoutant d'éclater en sanglots. Elle n'avait pas davantage le cœur à appeler l'agent du FBI que Meg lui avait recommandé, mais elle s'y résigna. Tandis qu'elle fouillait dans son sac à la recherche de sa carte de visite, son regard tomba sur les photos de Hunt avec Angela et son fils, éparpillées sur la table de la cuisine, et elle se remit à pleurer.

Au bout d'un moment, elle se ressaisit et composa le numéro de Jim Kingston. Il ne décrocha pas et, après un instant d'hésitation, elle laissa un message sur sa boîte vocale.

Ensuite, elle remonta dans sa chambre et se recoucha. Elle ne voyait pas la moindre raison de ne pas le faire. Elle resta à sangloter, mouillant son oreiller de larmes, avec le sentiment que sa vie était finie.

L'équipe de base-ball de Hamilton School était opposée à Fairfax High, qui menait 3 à 2. Toutes les bases étaient occupées. Un grand garçon brun attendait son tour, batte en main, concentré sur le lanceur en pleine action. Il frappa la balle d'un geste efficace, réussissant un coup brillant qui permit à ses coéquipiers de regagner le marbre sous les acclamations enthousiastes de leurs parents, massés dans les tribunes. Un homme coiffé d'une casquette dévala les gradins et rejoignit son fils sur le terrain pour lui donner une accolade.

— Tu as réussi, bravo ! s'écria-t-il avec excitation.

— On aurait gagné de toute façon, répondit Bobby Kingston, embarrassé par l'exubérance de son père.

— Ce n'est pas vrai et tu le sais. Tu es une star ! le taquina Jim.

Jim Kingston s'efforçait de ne jamais manquer un match. Le sport jouait un rôle important dans sa vie de famille. Les talents de footballeur de son fils aîné, Josh, lui avaient valu de décrocher une bourse à l'université du Michigan, où il était le quarterback vedette de l'équipe. Après la mort de sa femme, Jeannie, des suites d'un cancer du sein, Jim avait encouragé ses enfants, âgés respectivement de dix et quatorze ans à l'époque, à développer leurs talents sportifs. Depuis qu'il était veuf, il ne partait plus en déplacement et évitait les missions dangereuses, sachant que, s'il était victime d'un accident, il n'y aurait personne pour s'occuper de ses fils.

— Bravo, Bobby ! s'exclama un parent qu'ils croisèrent à la sortie du vestiaire.

Bobby était tout le portrait de son père : même silhouette dégingandée, mêmes cheveux bruns. Même charme. Son frère Josh leur ressemblait, mais il était plus large d'épaules et plus musclé. Jim était très fier de ses enfants.

Après la disparition de son épouse, Jim s'était senti soulagé de n'avoir que des fils, considérant qu'ils seraient plus faciles à élever que des filles. Malgré tout, il lui arrivait de regretter de ne pas avoir une fille qui viendrait lui rappeler son épouse. A ses yeux, Jeannie avait été la plus belle femme au monde, débordante de vie et d'énergie, toujours prête à suggérer une idée, toujours partante pour de nouvelles aventures. Mais après deux ans de maladie, rémission, chimio, rayons, rechute et une double mastectomie, le soleil de sa vie s'était éteint.

Jim avait encore du mal à accepter le décès de sa femme. A quarante-huit ans, veuf depuis cinq, il n'envisageait pas de se remarier. Ses collègues avaient tenté de lui présenter certaines de leurs relations féminines, mais il préférait se consacrer à ses garçons. Josh revenait souvent à la maison. Et Bobby et lui allaient le voir disputer tous ses matchs importants. Agé de dix-neuf ans, son fils aîné avait déjà reçu une offre de contrat sur le circuit pro. Jim l'avait incité à terminer ses études avant de s'engager, et Josh avait suivi son conseil.

Ils sortaient du stade quand le téléphone portable de Jim sonna, affichant un numéro inconnu. Il ne répondit pas. Il tenait à savourer ce moment passé avec Bobby.

Celui-ci mourant de faim, Jim l'emmena manger un hamburger avant de le déposer chez un copain. Ensuite, il fit des courses et passa récupérer des vêtements au pressing, après quoi il rentra à la maison. Il avait des rapports à lire. Son domaine d'activité, les fraudes et escroqueries en tous genres, l'occupait amplement, y compris le week-end.

En s'asseyant à son bureau, il se souvint brusquement de l'appel auquel il n'avait pas répondu, et écouta le message. Le nom lui sembla familier. Il se remémora alors sa conversation de la veille avec Meg Simpson. Meg avait été sa partenaire deux ans durant à l'époque où elle était employée par le FBI. Elle lui avait parlé d'une cliente probablement victime d'un détournement de fonds.

Il composa le numéro de Tallie. Le téléphone sonna plusieurs fois avant qu'elle réponde d'une voix ensommeillée, ce qui lui parut étrange à cinq heures de l'après-midi. Il se demanda si elle était malade. Cependant, elle s'anima dès qu'il se fut présenté.

— Merci de me rappeler, dit-elle avec chaleur. Voici de quoi il s'agit : mon comptable a récemment découvert des sorties d'argent inexpliquées sur mon compte. Meg Simpson a mené une enquête préliminaire et ses soupçons se portent sur mon assistante, mais j'ai du mal à y croire. Elle travaille pour moi depuis dix-sept ans et je ne vois pas pourquoi elle ferait ça. C'est la première fois qu'il m'arrive ce genre de chose et c'est très troublant. Meg estime que je dois aussi me renseigner sur mon comptable.

Tallie s'arrêta net dans ses explications. Il n'était guère facile de résumer la situation sans entrer dans les détails… *Mon compagnon me trompe… il a couché avec mon assistante… ils ont tous les deux menti à propos des hôtels où ils allaient… quelqu'un me vole vingt-cinq mille dollars par mois…*

Mais elle n'avait pas envie d'étaler son linge sale devant un inconnu.

— De quel montant parlons-nous ? s'enquit-il.

— Environ vingt-cinq mille dollars par mois ces trois dernières années. Je ne sais pas au juste, mais… près d'un million de dollars en tout.

— Pourquoi vous adresser au FBI et non à la police ?

— Parce que Meg Simpson m'a suggéré de vous appeler en premier. Elle pense qu'il pourrait y avoir une fraude bancaire là-dessous et qu'il faut vérifier, enfin… si vous le jugez approprié… Je ne sais pas trop, à vrai dire…

— Comment vous êtes-vous aperçue de ces vols ?

— C'est mon comptable qui a constaté cela, durant un audit que j'ai dû faire réaliser pour un investisseur.

119

— Quel genre de compagnie dirigez-vous ?

— Je suis réalisatrice, répondit-elle simplement.

Jim comprit subitement pourquoi son nom lui avait paru familier et se sentit stupide de ne pas avoir fait le rapprochement. Il ne s'attendait tout simplement pas à ce qu'une personnalité aussi connue demande à lui parler. Pourtant, il aurait dû s'en douter, car Meg s'était forgé une excellente réputation, et nombre de célébrités faisaient appel à ses services. Elle avait plusieurs fois essayé de le convaincre de s'associer à elle, mais il préférait rester au FBI. Son travail lui plaisait et il n'était pas indifférent au prestige qui y était attaché. Sans compter que, le moment venu, il jouirait d'une confortable retraite.

— Oui, bien sûr, excusez-moi, dit-il, gêné.

— Il n'y a pas de quoi.

— Donc, vous avez des doutes concernant votre assistante ?

Dans ce type d'affaires, il n'était pas rare que le coupable soit un proche, une personne en qui la victime avait la plus grande confiance.

— D'abord, j'ai cru que c'était mon... euh... l'homme avec qui je vivais. Il a déménagé hier, ajouta-t-elle d'une voix où perçait le chagrin. Pour ce qui est de mon assistante... Jusqu'à maintenant, j'avais toute confiance en elle, mais je viens de découvrir qu'elle m'a menti et qu'elle a fait certaines choses et que... euh... enfin, je ne sais pas quoi penser.

— Quelles choses ?

Tallie se troubla : Jim Kingston était professionnel et méticuleux à la manière d'un médecin qui lui aurait demandé d'énumérer ses symptômes.

120

— Des actes d'une nature plus personnelle, balbutiat-elle, mais qui me poussent à me poser des questions.

— Je comprends. Voulez-vous que nous nous rencontrions cette semaine ?

Elle fut prise au dépourvu.

— Euh... je ne sais pas, oui, peut-être. En fait, je tourne en extérieur à Palm Springs en ce moment, mais je pourrai me débrouiller et revenir à Los Angeles.

— Et là, vous êtes à Los Angeles ?

— Oui, jusqu'à lundi matin.

— Voulez-vous que nous nous voyions demain ?

— Ce serait génial, si ça ne vous ennuie pas de travailler un dimanche.

— Aucun problème.

Jim savait que Bobby avait des projets pour le lendemain et qu'il ne le verrait qu'à l'heure du dîner.

— Vers onze heures, ça vous irait ?

— Ce serait parfait, dit-elle avec reconnaissance. Merci infiniment. Je suis désolée de vous ennuyer avec ça... ce n'est peut-être rien... et mon assistante est sans doute innocente.

— Nous tirerons tout cela au clair. Ne vous excusez pas. C'est notre travail.

— Merci... j'apprécie votre aide, fit-elle d'une toute petite voix.

— Avez-vous des documents à me montrer ?

— Oui, quelques-uns, répondit-elle, songeant aux relevés de comptes que son père avait examinés. Par ailleurs, mon comptable a tous les dossiers financiers. Nous venons de faire effectuer un audit pour un investisseur.

Elle le lui avait déjà dit, songea Jim. A l'évidence, la jeune femme était distraite et préoccupée, ce qui était classique chez les victimes d'un abus de confiance. Elle lui donna son adresse et le remercia de nouveau. Peu après avoir raccroché, Jim appela Meg Simpson, qui lui annonça qu'elle s'apprêtait à sortir en famille.

— Ta cliente m'a contacté, déclara-t-il sans préambule pour ne pas la retarder. Je viens de la rappeler.

— Tallie Jones ?

— Oui. Comme un idiot, je n'avais pas compris que c'était la réalisatrice. Toi et tes clients de Hollywood ! Tu aurais pu m'avertir. Ça m'aurait évité de me ridiculiser, la taquina-t-il.

Meg se mit à rire.

— Comment aurais-je pu deviner que tu étais devenu un ermite et que tu avais laissé tomber le cinéma ? Dans quelle caverne vis-tu en ce moment ?

— Je m'occupe beaucoup des garçons, enfin de Bobby. Josh est à la fac.

— Ça ne nous rajeunit pas. Dire que je me souviens de leur naissance !

— Oui, moi aussi, répliqua-t-il, cédant instantanément à la nostalgie, se remémorant la joie de sa femme et la sienne.

— Tallie Jones a besoin de ton aide, reprit Meg. Elle est plutôt secouée. Je lui ai donné une grosse dose de mauvaises nouvelles. Son compagnon, un certain Hunter Lloyd, la trompe, et pas pour la première fois. Apparemment, il a eu une liaison avec l'assistante de Tallie, qu'elle considérait jusque-là comme sa meilleure amie. Et qui la vole peut-être. Des gens super-fiables, quoi.

— Tu ne penses pas que son compagnon soit coupable du vol ?

— J'en doute. Il est riche comme Crésus. Ce type est peut-être un beau salaud, mais il n'a pas besoin de fric.

— Elle m'a dit qu'il avait déménagé hier.

— Tu me l'apprends, mais ce n'est guère étonnant. Elle a quitté mon bureau en emportant un classeur plein de photos de lui avec sa maîtresse... Pour ce qui est du vol, je soupçonne le comptable ou l'assistante. A moins que quelqu'un d'autre n'ait accès à ses comptes. En fait, elle m'a engagée pour surveiller Hunter Lloyd et découvrir si son assistante avait réglé des notes d'hôtel avec sa carte de crédit. Ce qui était le cas – et pour des nuits passées avec Lloyd.

— Je comprends qu'elle soit sous le choc ! Je ne sais pas comment tu fais pour annoncer ce genre de nouvelles aux gens. Moi, je me contente de les arrêter et de les mettre en prison.

Son job était plus compliqué que cela et ils le savaient tous les deux. Jim avait une sincère admiration pour Meg. Intelligente, rigoureuse et efficace, elle avait laissé un vide au FBI quand elle était partie. Et s'il devait quitter l'agence un jour, il n'hésiterait pas une seconde à s'associer avec elle.

— Tu vas aller la voir ? demanda Meg.

Des voix d'enfants qui s'impatientaient résonnaient en arrière-fond. Cela rappela à Jim les samedis normaux en famille.

— Nous avons rendez-vous demain, se hâta-t-il de répondre.

— Bien. Je suis contente qu'elle t'ait appelé. Sois gentil avec elle. N'oublie pas qu'elle passe par de mauvais moments.

— Je suis toujours gentil, rétorqua-t-il en riant. Je te tiendrai au courant.

— Très bien. Prends soin de toi.

Jim raccrocha puis resta songeur un instant. Non seulement le compagnon et l'assistante de Tallie Jones avaient cruellement abusé de sa confiance, mais, pour couronner le tout, quelqu'un l'escroquait. Sans même la connaître, il éprouvait de la compassion à son égard.

Après sa conversation avec Jim Kingston, Tallie appela son père pour lui demander si elle pouvait venir chercher ses relevés de comptes. Sam eut du mal à dissimuler sa surprise quand sa fille arriva chez lui cet après-midi-là. Elle avait une mine affreuse, des cernes immenses mangeaient son visage, et elle semblait à peine tenir sur ses jambes.

— Ça ne va pas ? s'enquit-il, inquiet.

— Je suis fatiguée, c'est tout.

— Que se passe-t-il ?

Tallie fondit en larmes et lui raconta tout. La colère gagna Sam au fur et à mesure qu'il l'écoutait. Il était révolté par la conduite de Hunt et de Brigitte, et très peiné pour sa fille.

— Les hommes sont de tels imbéciles parfois, dit-il en la serrant contre lui. C'est lamentable de la part de Hunt. Quand je pense que je le considérais comme mon gendre. Quel salopard !

Tallie ne put s'empêcher d'esquisser un sourire face à la véhémence de son père, qui n'employait que très rarement de tels adjectifs.

— Oui, c'est plus ou moins ce que je pense de lui aussi.

— Que vas-tu faire concernant Brigitte ?

— Je ne sais pas. Sur les conseils de la détective, j'ai appelé un agent du FBI. Il vient me voir demain, et je voudrais lui remettre les relevés pour qu'il me donne son avis. De toute façon, que Brigitte me vole de l'argent ou non, elle a couché avec Hunt pendant trois ans. Je suppose que c'est un motif suffisant pour la renvoyer, mais je n'ai pas encore eu le courage de m'en occuper. Quant à Hunt, il a quitté la maison hier soir.

— Maxine est au courant ?

— Non. Je n'ai appris tout cela qu'hier à quatre heures de l'après-midi. En plus, la petite amie de Hunt est enceinte et ils vont se marier.

Elle s'était efforcée de parler d'un ton détaché, mais sa détresse était palpable.

— Que vas-tu faire au sujet de votre prochain film ?

— Je lui ai annoncé hier soir que je ne pourrais plus travailler avec lui. C'est terminé. Fin d'une histoire d'amour et d'une collaboration professionnelle.

— Je suis désolé pour toi, ma chérie, murmura son père en lui caressant la joue de ses doigts noueux. Vous étiez si bien assortis par certains côtés. Mais s'il t'a trompée quatre ans durant, il n'est pas l'homme que nous croyions. Peut-être vaut-il mieux que tu t'en aperçoives maintenant, et non plus tard.

Sam espérait la réconforter un peu.

— J'aurais surtout préféré qu'il ne me trompe pas. J'en ai assez d'avoir le cœur brisé.

— Je sais, je sais… tu trouveras quelqu'un d'autre, affirma-t-il avec conviction.

Cela ne s'était pas produit pour lui. Après la mort de son épouse, il n'avait pas eu de relation sérieuse. Il disait que la mère de Tallie avait été la femme de sa vie.

— Non, papa, répondit-elle d'un ton sombre. J'ai assez donné, merci.

— Au moins, vous n'étiez pas mariés. Il n'y aura pas de complications juridiques. Et vous n'avez aucun bien en commun. C'est un désastre quand il faut divorcer et tout partager.

Sam avait dissuadé sa fille d'acheter une propriété avec Hunt, et elle l'avait écouté. Son père avait toujours été de bon conseil, sauf quand il l'avait contrainte à épouser le père de Maxine. Cependant, il avait agi dans l'intérêt de sa petite-fille, et peut-être ne pouvait-elle lui donner tort. Au moins, Maxine savait que ses parents avaient été mariés, à supposer qu'elle s'en soucie.

— Je crois que tu devrais renvoyer Brigitte immédiatement, ajouta-t-il.

Il était furieux contre elle.

— Je m'en occuperai lundi.

Que serait sa vie sans Brigitte ? Une collaboration comme la leur, c'était presque comme un mariage. Ç'allait être le chaos pendant un certain temps. La perspective de recruter une nouvelle assistante l'emplissait déjà d'appréhension.

Avant son départ, son père lui rappela que la date des Academy Awards approchait. Tallie n'avait guère envie de s'y rendre étant donné les circonstances, d'autant qu'elle risquait de croiser Hunt avec sa nouvelle compagne.

Une fois rentrée chez elle, elle fit le tour de la maison et inspecta les placards. Hunt avait un dressing plein de vêtements, une foule d'ustensiles de cuisine qu'il avait apportés de chez lui ou achetés au cours de ces trois dernières années, deux bibliothèques débordant de livres, un bureau où il gardait tous ses papiers, ainsi que des objets éparpillés ici et là, des raquettes de tennis, un rameur d'appartement, un tapis de course qu'ils avaient choisi ensemble.

Tallie ne savait par où commencer.

Elle se rendit toutefois au supermarché et récupéra un tas de cartons qu'elle se mit à remplir. En pleurant. En temps normal, elle aurait demandé à Brigitte de l'aider, mais c'était hors de question à présent. Elle allait tout emballer elle-même, et puis elle appellerait une société qui se chargerait de déposer les affaires de Hunt chez lui. Elle ne voulait pas le revoir.

Son téléphone portable sonna à minuit. C'était lui. Elle hésita avant de répondre, mais il lui manquait tellement qu'elle prit l'appel.

— Ça va ? demanda-t-il d'un ton inquiet.

— Non, ça ne va pas, répondit-elle, décidant d'être honnête. Je suis en train de m'effondrer, dit-elle en éclatant en sanglots. Comment te sentirais-tu si tu avais découvert mon infidélité depuis toutes ces années ?

— J'aurais des envies de meurtre. Et je ne crois pas que je serais aussi correct que toi. Tallie, je suis vraiment désolé de la peine que je te cause.

— Comment as-tu pu me tromper depuis le début ?

— Tu sais, cette aventure avec Brigitte... Je jurerais qu'elle l'a fait exprès. Elle veut être *toi*, Tallie. Et pour ça, elle a commencé par coucher avec moi. Je n'ai pas pu lui échapper. Elle m'a capturé dans sa toile.

A l'en croire, il avait été une victime impuissante, ensorcelée par une créature maléfique. Tallie ne voyait pas les choses sous cet angle. Il était trop facile pour Hunt de s'absoudre de toute responsabilité et de faire endosser le blâme à Brigitte. S'il avait eu plus de force de caractère, il n'aurait jamais entamé de liaison avec elle.

— Elle ne t'a pas mis un revolver sur la tempe, si ?

— Non, mais elle a menacé de tout te dire. J'avais trop peur de te perdre si tu apprenais la vérité.

— Cela n'explique pas ta liaison avec Angela. Elle te fait chanter, elle aussi ?

— Jamais Angela n'agirait comme Brigitte. Elle est adorable. Tout ça, c'est de ma faute. J'ai mal agi du début à la fin.

— C'est vrai.

— Tu l'as annoncé à ton père ?

— Oui.

— Il doit me haïr.

— Disons qu'il est plutôt fâché.

— Tu as parlé à Maxine, aussi ?

— Pas encore. Elle va être terriblement déçue. Elle t'adore, ajouta Tallie en pleurant. Et moi aussi, je t'adorais.

— Je t'aime, Tallie... je te l'ai dit... je vous aime toutes les deux, toi et Angela... et Maxine et ton père. C'est un tel désastre, bordel.

— Tu peux le dire, murmura Tallie.

Elle aurait voulu le détester, mais elle était seulement anéantie.

— J'ai commencé à emballer tes affaires. Je te les ferai parvenir à ton bureau la semaine prochaine, conclut-elle.

Hunt n'osa pas demander à Tallie de les expédier chez Angela, chez qui il venait de s'installer. Il n'y avait plus rien à ajouter, et ils raccrochèrent.

Tallie fit des cartons jusqu'à deux heures du matin. A ce stade, elle avait vidé deux penderies pleines de vêtements et emballé une partie des livres. Hunt avait une montagne d'affaires. Elle se remit à la tâche dès neuf heures du matin le dimanche. Elle voulait en finir, pour ne pas éclater en sanglots à chaque fois qu'elle ouvrait une porte de placard.

Elle s'activait dans le bureau quand la sonnette retentit, annonçant l'arrivée de Jim Kingston. Elle se trouva face à un homme brun, élancé, au visage avenant et aux traits réguliers. Il était vêtu d'un complet-cravate gris et chaussé de mocassins. Elle l'invita à entrer, s'excusant du désordre. S'il devina à quoi les cartons étaient destinés, il ne fit aucun commentaire.

Il déclina poliment l'offre d'un thé ou d'un café et s'assit à la table de la cuisine afin de parcourir ses relevés de comptes. Au bout d'une minute, il releva la tête et plongea son regard bleu dans ses yeux verts.

— Parlons des trois suspects possibles, dit-il. Que vous suggère votre instinct ?

— Que je suis une idiote de n'avoir rien soupçonné avant, répondit-elle platement. Apparemment, il se passait une foule de choses autour de moi dont je ne me doutais pas.

— Les gens qui détournent de l'argent sont très habiles. Ils savent précisément jusqu'où aller, combien ils peuvent prendre, et comment ne pas être découverts. Et si ça peut vous consoler, dans la plupart des cas, le coupable est la personne en qui la victime avait le plus confiance.

— Même si mon comptable n'est pas coupable, il aurait tout de même dû se rendre compte de quelque chose, non ?

— A moins qu'il n'ait été abusé, lui aussi. Croyez-moi, c'est le genre de situations que nous voyons chaque jour. Je l'interrogerai et nous ferons appel à des experts pour examiner vos comptes en détail. Notre enquête portera d'abord sur les deux suspects principaux : votre assistante et votre ex-compagnon.

Tallie acquiesça. Néanmoins, elle doutait que Hunt soit en cause et le lui redit.

— Meg Simpson est de votre avis aussi, répondit-il. En réalité, votre assistante correspond parfaitement au profil du coupable.

— Pourquoi ? s'étonna Tallie.

— Parce que vous aviez toute confiance en elle, ce qui lui donnait une grande marge de manœuvre. Par ailleurs, nous savons qu'elle vous a déjà menti une fois.

Tallie comprit que Meg l'avait mis au courant, et en fut soulagée. Au moins n'aurait-elle pas à entrer dans des considérations qui lui semblaient sordides.

— Je la renverrai dès demain, soupira-t-elle, abattue.

Elle y avait pensé toute la nuit et avait pris sa décision ce matin-là, au réveil.

— Il serait préférable que vous n'en fassiez rien, rétorqua Jim à mi-voix.

— Pourquoi ? se récria-t-elle, surprise.

— C'est une suspecte sérieuse, mieux vaudrait donc qu'elle ne sache pas que vous la soupçonnez. Vous ne l'avez accusée de rien pour l'instant ?

— Non. Quand je l'ai interrogée à ce sujet, elle a prétendu que c'était Hunt qui m'extorquait du liquide et je l'ai crue.

— Lui avez-vous parlé depuis que vous avez eu le rapport de Meg ?

— Non, elle n'est pas au courant.

— Je vous suggère de ne rien lui dire, hormis que vous avez rompu avec M. Lloyd à cause de sa liaison. Si vous êtes d'accord, j'aimerais la surveiller de près. Naturellement, elle ne pourra plus accuser votre ex-compagnon si l'argent continue à se volatiliser ; elle va donc probablement faire attention pendant quelque temps. Mais si elle ne sait pas que nous la soupçonnons, cela nous donne un gros avantage. Elle finira par reprendre ses malversations et, dès que nous aurons des preuves solides de sa culpabilité, vous pourrez la renvoyer. Pour l'instant, nous ne sommes sûrs de rien et nous avons besoin de temps.

— Combien de temps ? demanda Tallie sans enthousiasme.

— Un mois ou deux, peut-être davantage. Dans l'intervalle, nous la garderons à l'œil, surveillerons vos sorties d'argent et interrogerons votre comptable et M. Lloyd. J'aimerais garder votre assistante pour la fin.

Tallie hocha la tête lentement. Il serait déplaisant de garder une ennemie auprès d'elle si longtemps et de faire comme si de rien n'était. Mais elle comprenait la stratégie de l'agent du FBI.

— Vous pensez pouvoir jouer le jeu ? demanda-t-il d'un air inquiet.

Elle eut un demi-sourire.

— Oui. J'ai été actrice avant d'être réalisatrice. Je devrais parvenir à lui faire croire que je ne sais rien. Cela ne sera pas agréable, c'est tout.

— Cela nous donnera de meilleurs résultats au final. Bien entendu, pas un mot sur le fait que vous êtes allée voir un détective privé.

Tallie se sentit soulagée de constater que l'agent du FBI prenait les choses en main ; elle appréciait son professionnalisme et son attitude réconfortante.

— Merci, monsieur Kingston.

— Appelez-moi Jim, je vous en prie. Avec un peu de patience, nous éclaircirons cette affaire. Je dois vous avertir que ce genre d'enquête avance parfois moins vite que la victime ne le souhaiterait.

Elle cilla.

— Je déteste me considérer comme une « victime ». C'est affreux.

— Oui, ça l'est. Mais vous avez bel et bien été la victime d'un délit. Les gens dans votre situation sont des cibles tentantes.

— Je me rends compte maintenant que j'avais une confiance aveugle en Brigitte. Jamais je ne me posais de questions sur ses agissements.

— Il est fort possible qu'elle en ait profité. S'il y a un procès et que sa culpabilité soit reconnue, la condamnation sera aggravée par l'abus de confiance. Les juges sont sévères pour ce type de fraudes.

Elle songea avec amertume que Hunt aussi avait abusé de sa confiance, même s'il n'avait commis aucun délit devant la loi.

— Je commencerai à enquêter dès demain.

Jim Kingston se leva. Elle l'imita et le remercia une fois de plus d'être venu.

— Je suis désolée d'avoir empiété sur votre dimanche, s'excusa-t-elle.

— Ce n'est pas grave. J'étais libre de toute façon. Je passe les dimanches avec mon fils de quinze ans et il avait mieux à faire aujourd'hui que de tenir compagnie à son père. C'est le cas de plus en plus souvent, d'ailleurs, ajouta-t-il avec un sourire de regret.

— C'est la même chose avec ma fille, lui confia Tallie en lui rendant son sourire. Quand elle rentre à la maison, elle préfère sortir avec ses copines. Elle est étudiante à New York.

— Une fois qu'ils sont partis, ils ne nous appartiennent plus. Je dis ça en connaissance de cause : mon fils aîné est à l'université du Michigan. C'est pourquoi je me cramponne désespérément à mon ado.

Son aveu les fit rire. Tallie le trouvait sympathique, intelligent et distingué. Il s'excusa une nouvelle fois de ne pas avoir reconnu son nom quand elle l'avait appelé. Il semblait légèrement impressionné par sa célébrité.

— Ce n'est pas grave, répondit-elle. C'est même mieux quand ça se passe ainsi.

Jim fut agréablement surpris par sa simplicité. En dépit de sa notoriété, il n'y avait rien de prétentieux ou de superficiel chez elle.

— Je vous appellerai cette semaine si j'ai d'autres questions ou s'il y a du nouveau, promit-il alors qu'elle le raccompagnait à la porte.

Ils échangèrent une poignée de main, et elle le suivit des yeux jusqu'à sa voiture. Elle se félicitait de lui avoir téléphoné, même si elle n'était guère enchantée de ne pouvoir congédier Brigitte sur-le-champ. Ç'allait être pénible de devoir jouer la comédie pendant un temps indéterminé.

Son père appela une heure plus tard.

— Comment cela s'est-il passé avec l'agent du FBI ?

— Il va ouvrir une enquête, mais il ne veut pas que je renvoie Brigitte pour le moment. Il préfère que je lui donne l'impression d'avoir passé l'éponge sur ses derniers aveux et que je fasse semblant de ne rien savoir de plus.

— C'est une tactique habile, mais ça va être casse-pieds pour toi.

— Je vais me contenter de lui dire que Hunt a admis sa liaison avec sa petite amie actuelle et que nous nous sommes séparés.

— Ça me semble un bon plan.

— D'après Jim Kingston, c'est la meilleure manière de procéder. Par conséquent, je ne peux pas virer cette garce demain, conclut Tallie d'une voix altérée par la colère.

Il ne lui restait plus qu'à attendre.

Et à faire confiance au FBI.

10

Pour que tout paraisse le plus normal possible, Tallie pria Brigitte de la conduire à Palm Springs le lundi matin.

— Tu as passé un bon week-end ? lui demanda celle-ci d'un ton dégagé alors qu'elles reprenaient la route après leur arrêt habituel chez Starbucks.

— Pas génial. Hunt et moi avons rompu. Il a quitté la maison vendredi soir.

— Oh, mon Dieu ! Comment est-ce arrivé ? C'est à cause de ce que je t'ai raconté ?

Tallie acquiesça sans la regarder. Oui, c'était à cause de ce qu'elle lui avait raconté, mais pas seulement...

— Il a admis sa liaison avec cette fille. Je lui ai demandé de renoncer à elle, mais il a refusé. Ensuite, il m'a avoué qu'elle était enceinte.

Tallie entendit Brigitte hoqueter de surprise.

— Il va l'épouser ? demanda-t-elle d'un ton furieux.

— Je crois que oui.

Il y eut un long silence tandis que Brigitte assimilait la nouvelle. Tallie la connaissait suffisamment pour voir qu'elle était sous le choc.

— Tu l'as interrogé au sujet de l'argent ?

Tallie hocha la tête.

— Qu'est-ce qu'il a dit ?

— Il a nié, évidemment. Mais il sait que je sais.
Tu peux être sûre qu'il ne te demandera plus rien
dorénavant.

Elles roulèrent en silence pendant plusieurs kilomètres, puis Brigitte se tourna vers elle, le visage
empreint de compassion.

— Je suis désolée, Tallie. Pourquoi ne m'as-tu pas
appelée ?

— J'étais trop mal. J'ai passé tout le week-end à
pleurer. J'espère ne pas avoir réagi de manière trop
impulsive en lui demandant de vider les lieux. Mais
s'il ne veut pas rompre avec cette Angela, à quoi cela
servirait-il de continuer ? Et avec cette histoire de
grossesse, j'ai perdu d'avance.

Brigitte fronça les sourcils.

— Je croyais qu'il ne voulait pas d'enfants.

— Moi aussi.

— Tu es fâchée que je t'en aie parlé ? demanda
Brigitte à mi-voix.

Tallie secoua la tête.

— Non. Il fallait que quelqu'un me mette au courant et je suis contente que ça soit venu de toi.

Elle eut un haut-le-cœur tandis qu'elle prononçait
ces mots. Dire que Brigitte avait couché avec Hunt
pendant trois ans ! Et que pendant trois ans Brigitte
l'avait regardée dans les yeux chaque jour, feignant
d'être sa meilleure amie. On ne pouvait être plus
vile. Toute l'affection que Tallie avait pour elle
s'était complètement évanouie.

— J'aurais voulu que tu le fasses plus tôt, c'est tout, ajouta Tallie pour faire bonne mesure.

— J'avais peur que tu ne m'en veuilles, répondit Brigitte. Je me suis torturé l'esprit longtemps pour savoir si je devais t'en informer.

Brigitte semblait soulagée. A l'évidence, elle était convaincue que Tallie blâmait entièrement Hunt, que la page était tournée et que leur amitié – factice – pouvait reprendre comme avant.

Tallie ne chercha pas à prolonger la conversation. Jouer la comédie pendant des mois allait être un cauchemar. A chaque fois qu'elle regarderait Brigitte, elle ne pourrait s'empêcher de penser que celle-ci lui avait menti sans vergogne. Elle l'aurait presque payée pour qu'elle sorte de sa vie sur-le-champ. Si seulement le FBI pouvait faire vite.

— Que vas-tu faire pour l'argent volé ? s'enquit Brigitte.

— Rien. Je ne le récupérerai jamais, de toute façon.

Le tournage occupa Tallie toute la matinée, ce qui l'obligea à penser à autre chose qu'à Hunt, à Brigitte, et à leurs trahisons. Quand elle regagna sa caravane à l'heure du déjeuner, elle appela néanmoins son avocat, Greg Thomas.

— Tout s'est bien passé avec Meg Simpson ? demanda-t-il.

— Oui et non. Disons qu'elle a découvert ce que je voulais savoir, mais que j'aurais préféré qu'elle ne découvre jamais. Il s'avère que Hunt me trompe depuis les tout débuts de notre relation et, les trois premières années, c'était avec ma meilleure amie. J'ai appris d'autres choses aussi, non moins déplaisantes.

— Je suis désolé, Tallie. Est-il coupable des vols ?

— Je ne sais pas. A vrai dire, je ne le crois pas. Meg m'a mise en contact avec un de ses anciens collègues du FBI, qui m'a proposé d'ouvrir une enquête.

— C'est une bonne chose. Il tirera tout ça au clair. Y a-t-il quelque chose que je puisse faire pour vous ?

— J'aimerais que vous adressiez une lettre officielle à Hunt, lui confirmant que je souhaite mettre fin à notre collaboration. Je l'en ai averti vendredi soir avant qu'il s'en aille, mais je ne suis pas certaine qu'il ait cru que j'étais on ne peut plus sérieuse. Comme vous le savez, je n'ai pas encore ratifié notre prochain contrat. Je ne participerai pas à ce futur projet.

— Vous êtes sûre ?

Leur premier film avait rapporté beaucoup d'argent, et renoncer au suivant représentait un sacrifice considérable sur le plan financier. Mais Tallie ne doutait pas du bien-fondé de sa décision. Elle avait réalisé des films avant Hunt, et continuerait après lui.

— Absolument, déclara-t-elle sans hésiter. Il est malhonnête et je ne veux plus collaborer avec lui.

— Je m'occupe de rédiger cette lettre.

— Merci, Greg.

— Et j'envoie un e-mail à son avocat.

Vers seize heures, elle reçut des appels frénétiques de Hunt, auxquels elle ne répondit pas. Il lui envoya ensuite un SMS la suppliant de le contacter. Non sans réticence, elle le fit vers dix-huit heures. Elle avait décidé de rentrer à Los Angeles pour la soirée et partit en expliquant à Brigitte qu'elle avait besoin de solitude. Elle téléphona à Hunt sur la route, après avoir branché le haut-parleur.

— Tallie, tu ne peux pas prendre une telle décision. C'est insensé. Il s'agit de notre carrière, pas de notre vie sentimentale.

— Oui, c'est exact, répondit-elle froidement, mais c'est fini dans les deux cas. Je ne travaille pas avec les menteurs.

Elle ne pouvait dissimuler son amertume. Elle savait que le chagrin qui étreignait son cœur s'y était installé pour longtemps. Elle avait déjà vécu un épisode semblable dix ans auparavant, avec son deuxième mari.

— Tu te rends compte de ce que ça va nous coûter à tous les deux ? Sans toi, M. Nakamura va retirer sa participation. Je viens de parler à son avocat.

— Dommage, Hunt. Tu aurais dû y réfléchir avant de me tromper. Tu ne t'attendais tout de même pas à ce que je continue notre collaboration, si ?

— Nous travaillons si bien ensemble. Tu ne peux pas balayer tout ça d'un simple revers de main.

— C'est toi qui m'y obliges. Soyons clairs : je ne tournerai plus de film avec toi. Point final.

— Pourrions-nous au moins en discuter ?

— Non.

— Que suis-je censé dire à M. Nakamura ?

— Dis-lui que tu as baisé mon assistante et une de tes employées et que je t'ai plaqué. Je suis sûre qu'il comprendra.

— Ecoute, Tallie, je me suis très mal conduit, je le sais. J'ai eu tort. Mais faut-il ruiner nos carrières pour marquer des points ?

— Je ne cherche pas à marquer des points, Hunt. C'est juste qu'il est inconcevable pour moi que tu restes mon producteur après ce qui s'est passé.

Un instant, il fut pris de panique à l'idée qu'elle aurait pu décider de ne pas terminer le film en cours, mais il savait qu'elle était trop professionnelle pour cela. Il savait aussi qu'elle avait des principes et qu'elle pouvait se montrer inflexible.

— Tu as renvoyé Brigitte ?

— Non.

— Pourquoi pas ?

— Cela ne te regarde pas.

— Tu lui pardonnes, et pas à moi ? C'est ridicule.

— Je ne t'ai pas dit que je lui avais pardonné, rétorqua-t-elle.

Elle ne pouvait lui révéler qu'elle agissait ainsi à la demande expresse du FBI. Et encore moins qu'il faisait lui-même l'objet d'une enquête.

— C'est mon affaire, Hunt, pas la tienne. Je t'ai donné la possibilité de rester. Tu as dit que tu ne pouvais pas renoncer à Angela, tu as fait ton choix. Le mien est de ne pas vivre avec un homme qui veut coucher avec deux femmes et mentir à l'une ou aux deux.

— Je t'aime toujours, Tallie.

— Toute cette histoire est regrettable pour nous deux, mais nous nous en remettrons. Toutefois, il n'y aura plus de collaboration professionnelle entre nous. Et une dernière chose : s'il te plaît, ne dis rien à Maxine à propos de notre rupture. Elle sera très

142

peinée et je veux le lui annoncer moi-même de vive voix, pas au téléphone. J'irai à New York dès que possible. Au revoir, Hunt. Prends soin de toi.

Tallie raccrocha puis téléphona à son père pour le mettre au courant de son désengagement vis-à-vis de son producteur.

— Comment a-t-il réagi ?

— Il a essayé de me faire changer d'avis.

— Et ?

— Je lui ai dit d'aller se faire voir.

— Bravo, ma fille ! Je dois reconnaître que tu as du cran.

— Merci, papa. De toute façon, je ne pouvais pas envisager de retravailler avec lui après ce qu'il m'a fait.

— Comment te sens-tu ?

— Mal. Très mal. Je voudrais être loin de tout ça. Enfin, la semaine prochaine, nous aurons terminé le tournage en extérieur et je compte aller passer quelques jours à New York pour voir Maxine.

— Ça te fera du bien de changer d'air. Je regrette de ne pouvoir t'accompagner.

La santé de Sam ne lui permettait plus de voyager depuis une dizaine d'années.

— Moi aussi, je regrette ; je t'embrasse, papa.

— A bientôt, ma fille.

Tallie rumina de sombres pensées pendant le reste du trajet. Brigitte lui téléphona juste au moment où elle arrivait chez elle, mais elle ne prit pas l'appel. L'époque où elle bavardait et riait avec son assistante était révolue. Brigitte n'était plus son amie, ne l'avait en fait jamais été, même si Tallie l'avait cru.

La maison était obscure et silencieuse. Personne ne l'attendait pour la serrer dans ses bras. Aucune odeur délicieuse ne s'échappait de la cuisine, la table de la terrasse n'était pas romantiquement dressée, la bouteille de son vin préféré n'était pas débouchée. C'était à Angela que Hunt réservait ces attentions désormais.

Abattue, elle ouvrit le réfrigérateur et ne trouva rien qui lui fasse envie. En désespoir de cause, elle monta au premier et prit un bain. Alors qu'elle venait d'enfiler un peignoir, Jim Kingston l'appela, à sa grande surprise.

— Je voulais prendre de vos nouvelles, déclara-t-il d'un ton amical, et savoir comment ça s'était passé avec Brigitte.

— Comme convenu, je lui ai appris que j'avais rompu avec Hunt ce week-end. Elle a voulu savoir s'il avait avoué pour l'argent et j'ai affirmé que non, qu'il avait nié, mais que j'étais sûre qu'il mentait. Elle croit que nous sommes redevenues les meilleures amies du monde. Quand je lui ai dit que je ne lui en voulais pas, mon nez a dû s'allonger de trente centimètres. Je vous suggère de m'appeler Pinocchio à partir de maintenant.

Il se mit à rire. Tallie Jones lui paraissait en meilleure forme que la veille. En tout cas, elle avait conservé un certain sens de l'humour. Il n'était pas sûr qu'à sa place il aurait réagi aussi bien.

— Du nouveau de votre côté ? s'enquit-elle, ayant repris son sérieux.

— J'ai rédigé un rapport préliminaire. Il faut que j'obtienne l'agrément du substitut du procureur pour continuer, mais c'est une simple formalité. Ensuite, il ne me restera qu'à rassembler assez de preuves pour porter l'affaire devant les tribunaux. Je suis plutôt optimiste. Je n'en suis qu'au début de l'enquête, mais je crois que le dossier tient la route.

— Combien de temps faut-il en général pour qu'une affaire de ce type soit jugée ?

Il y eut un bref silence à l'autre bout du fil.

— Ma réponse ne va pas vous plaire, l'avertit-il. Les rouages de la justice tournent lentement : il faut entre neuf mois et un an.

— Et à quel moment pourrez-vous faire arrêter Brigitte, si vous estimez qu'elle est coupable ?

— Dès que le procureur estimera que nous avons assez d'éléments qui le prouvent. Nous n'irons pas au procès si nous pensons perdre. Cela dit, la plupart des affaires n'atteignent pas ce stade. En général, face aux preuves que nous récoltons, le suspect plaide coupable, ce qui nous fait gagner beaucoup de temps.

— Tout cela semble très compliqué, lâcha Tallie d'un ton découragé.

— Faites-moi confiance. C'est mon job. Si les preuves existent, nous les trouverons.

Il n'ajouta pas qu'il avait rendez-vous avec Victor Carson le lendemain. Il l'avait appelé le matin même, pressé de le rayer de sa liste de suspects. Il avait déjà trouvé un expert-comptable pour examiner ses comptes. Il espérait aussi rencontrer Hunter Lloyd plus tard dans la semaine. Après ce qu'il avait appris à son sujet, Jim était curieux de faire sa connaissance, même si l'individu ne lui semblait guère sympathique.

— Je vous rappellerai en fin de semaine si j'ai des questions. Vous serez joignable ?

— Je ferai en sorte d'être disponible. Je pense rentrer à la maison chaque soir.

L'idée de rester dans sa chambre d'hôtel à Palm Springs la déprimait. Elle préférait dormir dans son lit, même si la maison lui semblait vide.

— Je vous téléphone dès que j'ai du nouveau, Tallie. Essayez de ne pas trop penser à la procédure en cours. Laissez-moi m'inquiéter à votre place.

A entendre Jim, tout paraissait simple. Mais Tallie était obsédée par la trahison de Hunt et de Brigitte. Ses plaies étaient à vif.

Ce soir-là, étendue dans son lit, elle ne put détacher ses pensées de l'affaire. Elle était persuadée que Brigitte était coupable de toutes les malversations.

Après avoir passé des heures à broyer du noir, elle s'endormit à l'aube. Son réveil, qui sonna peu de temps après, l'avait déjà vue en meilleure forme.

11

La secrétaire de Victor Carson était vêtue d'une minijupe et d'un pull excessivement moulant. Mû par une déformation professionnelle, Jim se demandait si elle couchait avec son employeur quand ce dernier entra.

Il portait quant à lui un complet gris sombre, une chemise blanche et une cravate sans nul doute coûteuse. Son élégance n'avait rien d'étonnant : le cabinet avait une clientèle de célébrités, dont bon nombre lui versaient un pourcentage de leurs revenus. Tallie, cependant, lui payait un forfait annuel et des honoraires au coup par coup. Elle était un de ses plus gros clients.

A l'évidence, Victor Carson ne s'attendait pas à recevoir la visite d'un agent fédéral concernant l'argent disparu.

— J'ignorais que Mlle Jones avait signalé l'affaire au FBI, déclara-t-il d'un ton nerveux après les salutations d'usage.

Il semblait mal à l'aise, comme s'il avait quelque chose à cacher. Néanmoins, il remit de bonne grâce les relevés de comptes qu'il avait préparés pour l'investisseur japonais, mais parut décontenancé lorsque Jim lui annonça qu'il voulait aussi examiner ses comptes personnels.

— Quel rapport cela a-t-il avec Mlle Jones ? demanda-t-il sur la défensive.

— Nous souhaitons avoir une vision d'ensemble de la situation, répondit Jim d'un ton posé. A propos, depuis combien de temps connaissez-vous Brigitte Parker ?

— Depuis que je m'occupe de la comptabilité de Mlle Jones, c'est-à-dire quinze ans.

— Diriez-vous que les informations qu'elle vous fournit sont en général exactes ?

— Oui. Elle est très pointilleuse. Ou tout au moins elle m'en a donné l'impression jusqu'à ce que je remarque ces sorties en espèces inexpliquées.

— Avez-vous interrogé Mlle Parker à ce sujet ?

— De manière superficielle. D'après elle, il n'y a pas d'erreur et Mlle Jones dépense plus qu'elle ne le croit.

— A moins que ce ne soit Mlle Parker qui dépense plus que ce que croit Mlle Jones, rétorqua Jim, sibyllin. A votre avis, où passe tout ce liquide, monsieur Carson ?

— Aucune idée. Dans des restaurants, des vêtements, des cadeaux. Allez savoir !

— Vous tenez la comptabilité de M. Lloyd, je crois ?

Victor transpirait de plus en plus à mesure que Jim lui posait des questions.

— Oui. Et je prépare les déclarations d'impôts de Mlle Parker depuis plusieurs années.

— Vous travaillez donc pour ces trois personnes ?

Victor acquiesça.

— Et votre cabinet marche bien ? L'année a été bonne ?

— Moins qu'il y a quelques années, admit-il. Les temps sont durs pour tout le monde. Même dans mon secteur d'activité.

— Diriez-vous que vous dépensez beaucoup d'argent, à titre personnel ?

Pris au dépourvu, Victor hésita avant de répondre.

— Oui, j'ai des frais considérables...

Il jeta un coup d'œil anxieux autour de lui avant de continuer :

— J'ai une épouse très... jeune. Elle a beaucoup d'attentes, mais ma situation est moins florissante que lors de notre mariage, il y a trois ans. Elle voulait être actrice et les choses ne se sont pas déroulées aussi bien qu'elle l'avait espéré.

Il bafouillait. Jim garda le silence, se bornant à l'observer.

— Elle... elle a... elle est en train de négocier un contrat postnuptial.

— Vraiment ? Combien vous demande-t-elle ?

— Cinq millions. Je lui ai dit que c'était hors de question. Elle a baissé ses prétentions à trois, mais je ne les ai pas non plus. Voyez-vous, je lui ai donné sept cent mille dollars quand nous nous sommes mariés. Je pensais que cela suffirait à la contenter...

— Et si vous refusez ?

— Elle exigera le divorce. Elle a vingt-neuf ans, elle est très belle. C'est difficile pour un homme de mon âge de satisfaire une femme qui a de telles... ambitions. J'ai déjà divorcé deux fois, j'ai payé des pensions alimentaires, j'ai des enfants... elle ne comprend pas. Elle dépense une fortune en chirurgie esthétique. Elle s'imagine que sa carrière au cinéma en dépend. Et elle ne se rend pas compte des efforts à fournir pour amasser de l'argent de nos jours. Mes revenus sont certes très élevés, mais insuffisants pour lui verser plusieurs millions en une seule fois. Je ne suis même pas sûr d'avoir les moyens de divorcer en ce moment et de pouvoir lui donner le montant de la pension qu'elle réclamera sûrement.

Victor était si désespéré qu'il ne cherchait même plus à cacher sa situation devant un inconnu.

Jim avait saisi l'essentiel. L'homme avait épousé une opportuniste redoutable, qui le menait en bateau et pour qui vingt-cinq mille dollars en liquide étaient visiblement de la petite monnaie. Une fille comme elle n'en aurait jamais assez. La question était de savoir si Carson était assez stupide pour escroquer ses clients et prendre le risque d'aller en prison. Jim en doutait. Victor Carson avait peut-être été naïf, mais on le devinait intègre. C'était le genre d'homme honnête et scrupuleux qui faisait tout dans les règles.

Un examen approfondi de ses comptes révélerait probablement qu'il était endetté jusqu'au cou. Au train où allaient les choses, sa femme le mènerait à la faillite en un rien de temps et il finirait ses jours dans un foyer pour sans-abri.

Jim éprouva de la pitié pour cet homme triste et usé qui lui avait fait le récit de ses misères sans pudeur. Il avait envie de lui conseiller de divorcer avant qu'il ne soit trop tard. Son épouse avait vu en lui une proie facile à manipuler et allait le presser comme un citron avant de le laisser tomber. Et apparemment, ce moment-là n'était plus très éloigné.

— Si nous jetions un coup d'œil à vos registres ? suggéra Jim.

Dans la salle de conférences, l'expert-comptable qui l'avait accompagné était déjà au travail, plusieurs volumes ouverts devant lui. Jack Sprague, un collègue de Jim, était là aussi. Un écran d'ordinateur affichait le livre de comptes de Tallie. Hormis les retraits d'argent en liquide, tout semblait en ordre, assura l'expert-comptable à Jim.

Ils examinèrent ensuite les comptes du cabinet et ceux de Victor. Vers dix-sept heures, Jim déclara qu'ils avaient terminé pour le moment, remercia Victor de sa coopération et ajouta qu'ils le recontacteraient s'ils avaient des questions supplémentaires.

Visiblement épuisé, Victor s'épongea le front de son mouchoir. Un moment il avait cru qu'ils allaient l'arrêter et l'accuser d'avoir volé l'argent de Tallie. Il n'y avait pourtant pas l'ombre d'un doute dans l'esprit de Jim : Victor n'était pas le coupable.

— Ce pauvre gars se ruine pour une bimbo, lança Jack alors qu'ils retournaient à leur voiture. L'an dernier, elle a dépensé la bagatelle de deux cent mille dollars rien qu'en chirurgie esthétique, et quatre cent mille dollars en fringues. Elle doit valoir le coup d'œil.

— Sans doute que non, rétorqua Jim en souriant. Mais Carson croit que si, voilà le problème. C'est triste de se faire avoir comme ça. Que dis-tu de ses comptes ?

— Ils paraissent réglo.

— C'est ce qu'il m'a semblé aussi. Je crois que nous perdons notre temps avec lui. Il ne trafique pas.

Il est trop occupé à tenter de satisfaire sa reine de beauté.

— Quand j'y pense… Quelle garce !

— En plus, elle lui réclame cinq millions pour rester avec lui.

— Il ne les a pas, je peux te le dire.

— Je sais. Il m'a tout déballé. Quoi qu'il en soit, tout ça me fait penser qu'il n'est pas notre coupable : vingt-cinq mille dollars représentent de l'argent de poche pour cette femme. Il le sait très bien et il ne courrait pas le risque pour si peu. C'est de millions qu'il a besoin.

— Tu imagines qu'elle dépense plus de vingt-cinq mille dollars pour son budget en chaussures ? soupira Jack, incrédule.

Jim démarra.

— Au suivant, conclut-il en souriant.

La journée avait été infructueuse, mais il n'était pas déçu outre mesure. Il ne s'attendait pas à ce que Victor Carson soit à la tête de l'escroquerie. Ç'aurait été trop simple. Et d'expérience, il savait que la simplicité n'était pas de mise dans ce genre d'affaires.

La semaine suivante, ce fut au tour de Hunter Lloyd de recevoir leur visite. Il avait été trop occupé pour leur accorder un rendez-vous avant, tout à sa recherche de nouveaux investisseurs potentiels. Il parut inquiet quand Jim et Jack entrèrent dans son bureau, et leur déclara, un peu crispé, qu'ils ressemblaient comme deux gouttes d'eau aux agents du FBI qu'on voit dans les films.

— Peut-être qu'on devrait passer un casting, alors, plaisanta Jim avec un sourire tout en tentant de jauger l'homme qui se tenait devant lui.

Ce qu'il savait de lui ne l'incitait pas à être clément.

— J'espère que nous ne vous dérangeons pas trop, poursuivit-il plus sérieusement. Votre secrétaire nous a expliqué que vous cherchiez des investisseurs ?

Hunt acquiesça, l'air abattu.

— Oui, nous avons des soucis de financement pour notre prochain film.

— Vraiment ? insista Jim. Que s'est-il passé ?

Il y avait des jours où il adorait le pouvoir que lui procurait sa fonction : pouvoir poser toutes les questions qu'il avait envie de poser, si gênantes soient-elles pour son interlocuteur. Et il était clair que celle-ci déplaisait à Hunt.

— Disons que nos plans sont tombés à l'eau. Le metteur en scène s'est retiré du projet.

— Qui était-ce ?

— Tallie Jones, lâcha Hunt, les lèvres pincées. Mais vous le saviez peut-être déjà ?

Jim ne répondit pas.

— Vous tournez un film avec elle en ce moment, n'est-ce pas ?

— Oui, mais les circonstances ont changé.

Jim haussa les sourcils, curieux d'entendre comment Hunt allait présenter les événements.

— Nous vivions ensemble. Je viens de déménager. Vous savez comment sont les femmes dans ces cas-là. Elles veulent se venger.

Il s'efforçait de prendre une mine désinvolte, et Jim hocha la tête d'un air qui se voulait compréhensif.

A côté de lui, Jack n'avait pas encore ouvert la bouche. Il se contentait d'observer l'échange et l'attitude générale de Hunt. Il ne connaissait pas l'histoire aussi bien que Jim et préférait laisser ce dernier mener l'interrogatoire. Ç'avait toujours été son point fort.

— Pendant combien de temps avez-vous vécu ensemble ? poursuivit Jim.

— Quatre ans.

— Hmm, c'était donc plus qu'une simple aventure. Je suis désolé que ça n'ait pas marché.

— Moi aussi, répondit Hunt avec embarras. C'est compliqué. Nous sommes tous les deux très pris, nous voyageons beaucoup. Dans ces conditions, il est difficile de ne pas s'éloigner l'un de l'autre.

Jim hocha la tête de nouveau, réprimant l'envie d'ajouter : « Surtout si on couche avec la meilleure amie de sa compagne. »

— Je vois... Et quand vous viviez avec elle, n'avez-vous jamais soupçonné quelqu'un de profiter d'elle ou de la voler ?

— A vrai dire, non.

— Mlle Jones fait-elle preuve de négligence en ce qui concerne les questions d'argent ?

— Non, pas du tout. Cela dit, Tallie ne gère pas les aspects pratiques de sa vie ; elle est tellement absorbée par son travail qu'elle confie à d'autres le soin de s'en charger.

— A qui, par exemple ?

— Son comptable et son assistante. Ce sont eux qui s'occupent de ses finances. Elle suppose qu'ils le font correctement. Peut-être a-t-elle tort.

Jim soupçonnait que cette description du comportement de sa cliente était exacte.

— Diriez-vous que son comptable est honnête ?

— Bien sûr. Il gère aussi ma comptabilité. Je le crois tout à fait digne de confiance. Un brin trop conservateur, mais très efficace.

— Et l'assistante de Mlle Jones ?

Il y eut un long silence.

— Je ne sais pas, répondit enfin Hunt. Tallie et elle sont très proches. Je ne me suis jamais mêlé de leur relation de travail et je n'ai jamais posé beaucoup de questions là-dessus.

— Au bout de quatre ans ? s'étonna Jim.

— Nous n'étions pas mariés, et les finances de Tallie ne me regardaient pas. Elle ne me demandait pas conseil à ce sujet.

— Mais Mlle Jones a toute confiance en son assistante ?

— Oui, tout du moins jusqu'à maintenant. Quand je suis parti, Tallie venait de découvrir dans ses comptes des dépenses en espèces inexpliquées. Je crois que son assistante m'a accusé d'avoir volé cet argent, ce qui est totalement faux. J'imagine que c'est la raison de votre visite ?

— En partie. Mais on ne sait jamais ce qu'une enquête nous réserve, répondit Jim avec un grand sourire. Autre chose à propos de son assistant, que vous auriez remarqué ou qui vous a inquiété ?

Hunt réfléchit pendant une longue minute.

— Pour tout vous dire, elle n'est pas nette : son problème, c'est qu'elle voudrait être Tallie. Cela arrive souvent dans notre milieu. Les personnes qui gravitent autour d'une célébrité sont d'abord éblouies et puis, petit à petit, elles commencent à se voir à sa place. Elles s'arrogent des droits et perdent de vue leur propre identité. Certaines sont beaucoup plus prétentieuses que les stars elles-mêmes. Prenez Tallie, par exemple. Elle est simple, discrète, s'habille d'un rien et roule dans n'importe quoi pourvu que ça ait des roues... Brigitte est à l'exact opposé ; je n'ai jamais vu quelqu'un qui avait une conscience aussi exacerbée de son image. Elle conduit une voiture de luxe, porte des vêtements coûteux et des tonnes de bijoux. Je pense qu'elle confond ses rêves et la réalité. C'est une histoire classique à Hollywood. Et c'est un style qui coûte cher à entretenir, même si je suis sûr que Tallie la rémunère bien et qu'elle a pas mal d'avantages dans son travail.

— Tels que ? s'enquit Jim.

— Vêtements, bijoux, voyages gratuits, tarifs préférentiels sur les voitures de luxe.

— Avez-vous été témoin de ces cadeaux pendant que vous viviez avec Mlle Jones ?

— Non, mais j'en ai entendu parler.

— Par Mlle Jones ?

— Non, par Brigitte. Je doute que Tallie s'en soucie et même qu'elle y pense. Ses préoccupations sont ailleurs.

— Vous croyez que ces cadeaux étaient envoyés à l'adresse de son assistante ?

— Aucune idée, répondit Hunt, l'air gêné.

— Etes-vous jamais allé chez elle ?

— Non.

— L'avez-vous fréquentée en dehors de son travail ?

Hunt foudroya Jim du regard. Ces flics se croyaient tout permis ! Il n'osa pas, cependant, mentir à l'agent du FBI, ne sachant pas ce qu'il avait dans ses dossiers le concernant.

— C'est sans importance, mais oui, je l'ai vue quelques fois en dehors.

— Mlle Jones était au courant ?

— Pas à l'époque. Elle le sait à présent.

— C'est vous qui lui avez dit ?

— Non.

— Mlle Parker alors ?

— Je n'en suis pas certain. Je crois plutôt qu'elle l'a appris par un détective privé. Peut-être que Brigitte lui en a parlé aussi à l'heure qu'il est. Je l'ignore.

De plus en plus mal à l'aise, Hunt finit par en révéler plus long qu'il n'en avait eu l'intention.

— La liaison que j'ai eue avec cette femme a été une immense connerie de ma part. Elle m'a fait chanter pendant près de trois ans pour que notre relation continue. C'est en partie pour cette raison que Mlle Jones et moi nous sommes séparés récemment.

— Vous voyez toujours Mlle Parker ? demanda Jim à mi-voix.

— Sûrement pas ! Je ne l'ai jamais aimée. C'est une fauteuse de troubles de la pire espèce. J'ai rencontré quelqu'un il y a un an et j'imagine que Brigitte l'a rapporté à Tallie pour se venger, parce que j'avais rompu avec elle. Je suppose qu'on pourrait dire qu'elle m'a doublement eu. Je ne suis pas fier de tout ça, et Tallie est extrêmement attristée. Je vis avec cette autre femme à présent. Nous allons avoir un bébé.

— Félicitations.

Hunt se tassa légèrement sur son siège.

— Eh bien… oui… merci. Cette histoire est un peu compliquée, et douloureuse. D'autant que ma relation avec Tallie a bien fonctionné pendant long-temps, ajouta-t-il d'un ton peiné.

— Hmm, surtout pour vous, si l'on s'en tient aux faits : pendant que vous viviez ensemble, vous avez eu deux liaisons et mis une femme enceinte. Une histoire compliquée, en effet, riposta Jim avec un petit sourire.

Hunt évita son regard. Vue sous cet angle, sa conduite paraissait abominable, même à ses propres yeux. Jim se demanda si c'était un gars correct qui s'était conduit comme un fumier ou si c'était tout bonnement un salaud. Parfois, il n'était pas aisé de faire la différence. Il songea à Victor Carson, qui se ruinait et se ridiculisait à cause d'une jeune ambi-tieuse. Au moins lui était-il fidèle, tandis que Hunt avait trompé quatre ans durant la compagne qui l'aimait. C'était à se demander si les hommes avaient le moindre grain de bon sens.

— Avez-vous autre chose à ajouter concernant Brigitte Parker ?

— Non, sauf qu'elle est rusée et manipulatrice. Je suis convaincu qu'elle avait prémédité de coucher avec moi au tout début de notre relation. Elle voulait tout ce que Tallie avait, c'est ce syndrome dont je vous parlais.

— Vous a-t-elle jamais demandé de l'argent ?

Hunt secoua la tête.

— Vous a-t-elle fait chanter ?

— Pas vraiment, mais elle m'a menacé de tout révéler à Tallie. Et n'allez pas croire que c'était parce qu'elle se serait souciée de l'intérêt de son amie. Sa soi-disant amie. En réalité, elle fait semblant. Elle n'en a rien à faire de son amitié. Ce qu'elle veut, c'est prendre sa place, *être* Tallie. Et Tallie ne se rend compte de rien. Elle suit son bonhomme de chemin, fait son travail avec l'immense talent qui est le sien, sans imaginer tout ce qui se trame derrière son dos, ajouta-t-il d'une voix empreinte de nostalgie.

A l'entendre, on aurait pu croire que Hunt était toujours amoureux d'elle et qu'il regrettait ses agissements. Un peu tard, songea Jim à part lui.

— Je crois que nous en avons fini, monsieur Lloyd, conclut-il en se levant. Nous vous contacterons si nous avons d'autres questions à mesure que l'enquête évolue.

— Savez-vous qui a pris l'argent ?

— On y travaille, répondit Jim en souriant. Merci de nous avoir reçus.

Les trois hommes échangèrent une poignée de main, et les agents quittèrent le bureau, laissant Hunt troublé. Il espérait ne pas être le suspect principal.

— Il a l'air plutôt honnête, déclara Jack une fois dehors. Il s'est comporté comme un goujat, mais sinon, il me paraît correct.

Jim n'était pas d'accord. A ses yeux, on ne pouvait pas considérer comme honnête un individu qui avait ainsi trahi sa compagne. Cependant, il partageait

159

l'opinion de son collègue sur un point : Hunt leur avait dit la vérité.

— Ce n'est pas notre homme, lâcha-t-il.

— J'ai la même intuition, mais qu'est-ce qui te le fait dire ? voulut savoir Jack.

— Il a répondu franchement, sans craindre de donner une mauvaise image de lui-même. Je connaissais la plupart des réponses aux questions que je lui ai posées, et il a dit la vérité. De plus, il n'a pas besoin d'argent.

— En tout cas, à mon avis, il est encore amoureux d'elle...

— Probablement, répondit Jim avec un peu de froideur.

Il avait la conviction que Hunt était innocent des vols, mais il n'avait pas une très haute opinion du producteur pour autant.

Ne restait plus que Brigitte Parker à interroger. Et Jim voulait avoir aligné tous ses pions avant de la rencontrer.

12

Tallie avait laissé derrière elle le décor désertique de Palm Springs. Le tournage en extérieur était enfin terminé. De retour à Los Angeles, elle était plus occupée que jamais. La maison continuait à lui sembler bien silencieuse, mais le choc initial s'était atténué et elle s'accoutumait petit à petit à vivre sans Hunt. D'ailleurs, elle était tellement surchargée de travail qu'elle n'avait pas le temps de se demander comment remplir ses soirées.

Les hommes de loi de Hunt harcelaient son propre avocat au téléphone pour qu'elle accepte de collaborer à son prochain film. Elle se refusait à l'envisager, n'avait pas adressé la parole à Hunt depuis son dernier appel, et n'en avait pas la moindre envie.

Elle n'avait toujours rien dit à sa fille. Quand celle-ci lui demandait des nouvelles de Hunt, elle se contentait de répondre qu'il allait bien. Par chance, Maxine avait été invitée à passer les vacances de printemps chez des amis en Floride. Tallie l'avait encouragée à y aller, arguant que son travail ne lui laissait pas une minute de répit. En son for intérieur, elle appréhendait la réaction de Maxine et elle repoussait le moment de lui avouer sa rupture.

Jim Kingston ne s'était pas manifesté. Débordée comme elle l'était, elle ne s'inquiétait pas outre mesure de son silence. Elle avait accordé une semaine de vacances à toute la distribution avant la reprise du tournage, qui se ferait dans un quartier de Los Angeles. Elle attendait les autorisations nécessaires, ce qui donnait le temps à l'équipe de fabriquer les décors dont ils auraient besoin. Tallie gardait l'œil sur tout cela, et aussi sur le ventre de son actrice principale. Celle-ci leur avait annoncé à mi-tournage qu'elle était enceinte, si bien qu'ils devraient prévoir une doublure pour bon nombre de prises. C'était un souci de plus. Malgré tout, son travail lui changeait les idées.

Chaque soir, Tallie téléphonait à son père. Sam était peiné que Hunt n'ait pas essayé de le contacter. Après quatre ans de relations très cordiales, son indifférence lui semblait un manque de respect impardonnable. Tallie avait une explication toute simple : Hunt se montrait aussi lâche avec son presque beau-père qu'il l'avait été avec elle, ce dont Sam convenait à regret. Hunt n'était pas l'homme qu'il l'avait cru être.

Tallie avait eu plusieurs conversations avec Victor Carson. Fait intéressant, les mystérieuses sorties d'argent avaient cessé dès le départ de Hunt. Autrement dit, soit ce dernier était coupable, soit le voleur voulait donner cette impression – ce qui signifiait qu'il était au courant de la rupture entre elle et Hunt.

Tallie continuait à soupçonner Brigitte. L'attitude détendue qu'elle adoptait en sa compagnie n'était que façade, et cette comédie lui coûtait beaucoup : la

162

présence de Brigitte était pour elle une source constante de stress et de tension. Elle ne pouvait pas digérer sa trahison.

Un week-end, alors qu'elle faisait ses courses, elle était tombée sur une photo de Hunt et Angela à la une d'un tabloïd. Le ventre rond de la jeune femme était bien en évidence, et Hunt riait, l'air heureux, un bras passé autour de ses épaules. Tallie avait été si secouée qu'elle était sortie du magasin en abandonnant son chariot à la caisse. De toute façon, elle n'avait guère d'appétit. Elle se contentait de salades déjà préparées, qu'elle grignotait en travaillant sans relâche.

Elle avait aperçu une autre photo de lui et Angela, prise aux Academy Awards. Elle s'était félicitée de ne pas s'y être rendue. Quand Maxine s'était étonnée de son absence, elle avait prétendu être trop occupée. Par miracle, sa fille n'avait pas vu le cliché. Ses études l'accaparaient sans doute trop pour qu'elle prête attention aux magazines people. Elle semblait heureuse à l'université, elle avait un petit copain et une foule d'amis.

Tallie avait hâte de la voir ; elle attendait à présent avec impatience son voyage à New York. Elle avait prévu d'y passer une semaine entière dès le retour de Maxine de Floride. De son côté, Sam lui répétait qu'elle devait lui annoncer sa rupture avec Hunt le plus tôt possible, avant qu'elle l'apprenne d'une autre manière. Il craignait qu'elle n'en veuille à Tallie de lui avoir caché la vérité.

Lorsque Jim Kingston appela Brigitte pour prendre rendez-vous, la première réaction de la jeune femme fut de dire qu'elle n'avait pas le temps de le recevoir. Qu'il fût agent du FBI ne paraissait pas l'intimider le moins du monde. Tallie avait indiqué à Brigitte qu'elle avait dénoncé Hunt au FBI, tout en laissant entendre que c'était une pure formalité, un geste qui visait surtout à l'effrayer. Par conséquent, Brigitte n'y avait pas attaché d'importance, et ne se souciait guère de faire une place à Jim dans son emploi du temps.

— J'ai une semaine très chargée, expliqua-t-elle d'un ton hautain. Il faut que je sois sur le plateau avec Mlle Jones.

— La semaine prochaine, alors ?

Jim adoptait à dessein une approche cool. Cela mettait ses interlocuteurs à l'aise, si bien qu'ils baissaient leur garde et, en général, finissaient par en raconter plus qu'ils ne l'avaient prévu.

— Je suis navrée, je serai absente, rétorqua-t-elle avec brusquerie. Nous serons en congé. Peut-être à mon retour.

Jim réprima un léger rire. La plupart des gens n'avaient pas l'audace de dire « peut-être » au FBI.

— En réalité, il n'y a pas de peut-être. Nous avons besoin de votre aide concernant l'argent perdu ou volé à votre employeur. Puisque vous êtes absente la semaine prochaine, voyons-nous demain, voulez-vous ?

Cette fois, la question était de pure forme. Son intonation ne lui laissait aucune possibilité de refus.

— Ou aujourd'hui, si vous préférez, ajouta-t-il d'un ton faussement conciliant. Je suis sûr que

Mlle Jones acceptera volontiers de vous libérer. Je peux l'appeler moi-même si vous le souhaitez.

A l'autre bout du fil, il y eut un silence d'une fraction de seconde.

— Non, ça ira, répondit Brigitte avec désinvolture.

— Demain midi alors ? suggéra Jim aimablement. Sur le plateau ? Ou chez vous, après le travail ?

— Chez moi à dix-neuf heures, lança-t-elle d'un ton qui laissait penser qu'elle était contente de décider du lieu et de l'heure.

Il était hors de question qu'elle reçoive des agents du FBI sur le plateau. Une visite de ce genre pouvait donner lieu à toutes sortes de commérages. Jim fut ravi de sa réponse, laquelle s'inscrivait parfaitement dans son plan. Brigitte Parker avait mordu à l'hameçon.

Le lendemain, Jack et lui arrivèrent à sept heures précises chez elle, dans Mulholland Drive. Elle habitait une splendide maison ancienne entièrement rénovée, dotée d'un jardin et d'une piscine, tous deux fort agréables à n'en pas douter. Une Aston Martin était garée dans l'allée. Jim sonna à la porte. Il était en costume, comme souvent lorsqu'il travaillait, et portait une cravate, fait rare à Los Angeles. Son fils Bobby disait en plaisantant que cela lui donnait l'air d'un flic. Normal, répliquait Jim, puisqu'il était du FBI. C'était devenu une blague entre eux.

Brigitte vint ouvrir, vêtue d'une robe très courte, qui lui allait à merveille. Une création d'un grand couturier, probablement. Jim aurait été incapable de reconnaître la marque, mais il devina qu'elle avait dû coûter très cher. La jeune femme arborait un lourd bracelet en or incrusté de diamants, et deux clips en diamant étincelaient à ses oreilles. Ses longs cheveux blonds étaient coiffés avec soin, ses mains impeccablement manucurées. Avec son maquillage subtil, ses hanches minces, sa poitrine généreuse, on aurait dit un mannequin de *Vogue*. Personne ne lui aurait donné trente-neuf ans – elle en faisait largement dix de moins. Jim fut impressionné malgré lui. Quant à Jack, il resta bouche bée.

Elle les accueillit avec une certaine réserve, puis s'effaça pour les laisser pénétrer dans l'entrée. Jim ne put s'empêcher de remarquer le superbe lustre en cristal qui était accroché au plafond cathédrale, les meubles anciens, les tapis de style moderne et le grand tableau contemporain au-dessus de l'escalier.

Elle les conduisit dans un salon avec une grande baie vitrée, qui dominait la piscine. La propriété était spectaculaire ; elle aurait sans problème pu faire l'objet d'un reportage dans une revue de décoration de luxe. Brigitte avait dû dépenser une fortune en meubles d'époque et œuvres d'art. Tout y respirait l'élégance et le raffinement, même le jardin – une version miniature de Versailles.

Jim l'observa avec attention alors qu'elle prenait place sur un luxueux canapé blanc. Faisant mentalement la comparaison avec Tallie, il songea que, des deux femmes, la réalisatrice était la véritable beauté, en dépit de son style négligé, de son absence de maquillage et de ses cheveux en désordre. Certes, son assistante exploitait au maximum ses atouts, alliant vêtements, coiffure, produits cosmétiques et chirurgie esthétique pour créer un look extrêmement sophistiqué qui la faisait ressembler à une star. Et apparemment, elle vivait comme telle.

— C'est absolument splendide ! s'extasia Jim en jetant un coup d'œil au-dehors. Vous vivez ici depuis longtemps ?

On aurait dit le début d'une conversation amicale, et non un interrogatoire. Une fois de plus, Jack admira le talent d'enquêteur de son collègue.

— Depuis sept ans, répondit-elle avec fierté. J'habitais Santa Monica avant, en bord de mer, mais la maison était trop petite. J'ai touché un héritage, alors je suis venue m'installer ici. Mais c'est beaucoup de travail : une telle propriété exige beaucoup d'entretien. Je viens de faire rénover le premier étage et ma salle de bains, et j'ai fait planter de nouveaux arbres dans le jardin.

— Je serais ravi de pouvoir visiter les lieux, assura Jim en souriant. Je suis moi-même au beau milieu de travaux, et cela pourrait me donner des idées...

Brigitte le conduisit au premier tandis qu'ils échangeaient des anecdotes sur le manque de fiabilité des artisans. Jim bavardait d'un ton détendu, ne tarissant pas d'éloges sur les lieux, et la jeune femme s'épanouissait comme une fleur. Sa chambre, digne de celle de Marie-Antoinette, était agrémentée d'un grand lit ancien à baldaquin drapé de kilomètres de soie jaune pâle.

— Cela vient de votre famille ?

— Il appartenait à mon arrière-grand-mère. Il est resté au garde-meubles pendant des années. Dieu merci, ma mégère de belle-mère ne l'a pas pris.

Brigitte Parker parla longuement de cette marâtre qui l'avait poussée à fuir San Francisco et à venir s'installer à Los Angeles dix-huit ans plus tôt.

Jim visita également trois chambres d'invités, chacune dotée d'un lit ancien, moins imposant néanmoins que celui de la maîtresse de maison, et contempla avec un respect mêlé d'envie la salle de bains rénovée.

Une énorme baignoire ronde à jacuzzi trônait au centre. Quant à la douche à l'italienne, elle était assez vaste pour deux personnes. L'ensemble était en marbre rose et blanc, y compris les murs et le sol. Et la pièce jouissait d'une vue imprenable sur le jardin.

— Il faudrait au moins deux ans à mon plombier pour arriver à concevoir quelque chose comme ça, déclara-t-il.

— Le mien a mis un an, et j'ai dû le harceler chaque jour, mais il a fait du beau travail. Et pour un bon prix, en plus.

A l'évidence, elle était très fière de sa maison et de son aptitude à gérer les travaux.

Ils redescendirent au rez-de-chaussée et elle leur proposa une boisson alcoolisée, qu'ils déclinèrent, préférant un verre d'eau à la place. La cuisine était – on s'en serait douté – ultramoderne, équipée de tous les gadgets culinaires imaginables. Chaque surface était en granit noir, la table incluse.

— Votre demeure est vraiment remarquable, dit Jim avec admiration.

Il paraissait envieux, ce qui fit plaisir à Brigitte et flatta son ego. Elle sourit, ravie.

— Je travaille dur, et c'est un bonheur de rentrer ici à la fin de la journée ou après un long voyage.

168

Surtout lorsque celui-ci est agrémenté de serpents – ce qui nous est arrivé quand nous avons tourné en Afrique.

— Vous devez être contente d'avoir terminé le tournage à Palm Springs, poursuivit Jim en prenant le verre en cristal de Baccarat qu'elle lui tendait.

— Oh oui ! On n'est jamais aussi bien que chez soi, plaisanta-t-elle, citant Dorothy Gale dans *Le Magicien d'Oz*.

Ils retournèrent s'asseoir au salon et Jim entra dans le vif du sujet :

— Il semblerait que Hunter Lloyd volait l'argent de Mlle Jones ?

— En effet, répondit Brigitte d'un ton désapprobateur. Cela me tracassait énormément et j'aurais dû en parler à Tallie plus tôt, mais j'avais peur de gâcher leur histoire d'amour en le dénonçant.

Jim hocha la tête d'un air entendu, comme s'il comprenait – et même approuvait – le silence qu'elle avait gardé.

— J'ai cru comprendre que M. Lloyd avait eu une histoire d'amour avec vous aussi ?

Le choc se lut sur le visage de Brigitte.

— Pas vraiment, rétorqua-t-elle, se ressaisissant aussitôt. Pas du tout, en fait. Hunt m'a fait boire un soir et m'a forcée à coucher avec lui. Puis il m'a fait chanter. Il menaçait de tout révéler à Tallie si je ne le voyais plus. J'ai cédé pour sauver mon travail et les liens d'amitié que j'ai avec Tallie.

— C'est épouvantable ! s'exclama Jim avec compassion. Cela a dû être très pénible pour vous.

— En effet.

— Combien de temps cette relation a-t-elle duré ?

— Trois ans, répondit-elle d'une voix de martyre.

— Pourquoi a-t-elle pris fin ?

— Hunt a entamé une liaison avec quelqu'un d'autre.

— Vous avez dû être libérée d'un grand poids.

Jim but une gorgée d'eau tandis que Brigitte l'observait.

— Oui, c'est vrai. C'est Tallie qui vous a raconté ça ? demanda-t-elle, s'efforçant d'adopter un ton dégagé. Je ne le lui ai jamais dit.

— Non, je l'ai appris d'une autre source, répliqua-t-il avec une mine de conspirateur, mais j'ai supposé que nous pourrions vous en parler.

— Naturellement. A vrai dire, c'est un soulagement pour moi de ne pas avoir à garder cela secret. Toutefois, je n'en parlerai jamais à Tallie. Elle souffrirait trop.

— Sans doute. Elle paraît très affectée à propos de l'autre fille, celle pour qui il l'a quittée, Angela Morissey, qui est enceinte.

— Ce qu'il fait subir à Tallie est affreux.

— Savez-vous qui lui a annoncé cette mauvaise nouvelle ?

— Moi. J'ai pensé qu'elle devait être au courant. Quand elle m'a interrogée à propos de l'argent, je n'ai pas pu m'empêcher de tout lui révéler. Hunt a profité d'elle pendant quatre ans alors qu'elle est tellement gentille. Elle ne mérite pas ce qu'il lui a fait, ajouta Brigitte, les larmes aux yeux. Nous sommes amies depuis dix-sept ans, depuis que nous nous sommes rencontrées à l'école de cinéma.

— Elle a commencé par être actrice, n'est-ce pas ?

Jim semblait suspendu à ses lèvres. Comme toujours, Jack était assis un peu à l'écart, l'air de s'ennuyer à mourir, mais observant l'échange avec attention.

— Oui, elle a eu un second rôle dans un grand film. Elle a été excellente, mais l'expérience ne lui a pas plu. On lui a fait d'autres propositions par la suite, qu'elle a refusées. C'est la mise en scène qui l'intéressait. Elle a réalisé un film indépendant et... vous connaissez la suite.

— Et vous ? demanda Jim.

Brigitte éclata de rire, révélant des dents blanches parfaitement alignées. Elle avait un sourire éblouissant, même si Jim ne lui trouvait pas autant de charme qu'à Tallie.

— Avec votre physique, vous auriez pu être actrice. Y avez-vous songé ?

— J'ai obtenu quelques rôles secondaires. Au fond, je suis allée à l'école de cinéma pour m'amuser. Contrairement à Tallie, je ne suis pas attirée par le métier de réalisatrice. J'ai travaillé un peu comme mannequin et puis j'ai aidé Tallie à faire son premier film. Et ça m'a tellement plu que j'ai décidé de devenir son bras droit, en quelque sorte. Mais je n'ai jamais eu sa motivation.

Brigitte voulait-elle laisser entendre qu'elle n'avait pas besoin de cela ?

— Et voyons les choses en face, ajouta-t-elle en baissant modestement les yeux, je n'ai pas son talent.

Au moins en convenait-elle, songea Jim.

— C'est une des meilleures réalisatrices de notre époque. Je suis convaincue qu'elle va obtenir un oscar, un jour. Elle le mérite. Et elle n'a pas besoin de Hunt pour réussir sa carrière. Elle ne doit son succès qu'à elle-même.

Brigitte semblait fière de sa meilleure amie et ils échangèrent un sourire.

— A votre avis, que faisait Hunt de l'argent qu'il volait ?

Brigitte haussa les épaules.

— Je n'en ai aucune idée. Peut-être le dépensait-il en cadeaux pour d'autres femmes.

— Il ne semble pas être dans le besoin, objecta Jim, pragmatique.

— Qui sait ? Vous avez entendu parler de ces ménagères de Beverly Hills qui se font arrêter pour avoir chapardé dans les magasins. Il y a des personnes que l'idée de voler excite.

— Vous a-t-il offert des cadeaux coûteux quand vous aviez une liaison avec lui ?

— Ce n'était pas une liaison, le corrigea Brigitte. Il me faisait chanter.

— Soit. Néanmoins, vous a-t-il fait des cadeaux ?

Brigitte haussa les épaules.

— Il m'invitait au restaurant, ou en week-end dans de bons hôtels. Nous sommes allés une fois à Hawaï, et deux fois à New York, quand Tallie tournait en extérieur sans moi.

Jim ne fit pas de commentaire.

— Etait-il généreux avec Mlle Jones ?

— Il réglait une partie des factures, le salaire de la femme de ménage, il achetait des provisions et certains objets pour la maison.

— Et il la volait pour payer tout ça ? Quel pauvre type !

Brigitte garda le silence.

— L'a-t-elle jamais trompé ?

— Pas que je sache. Ce n'est pas son genre. C'est quelqu'un de très honnête et de très droit.

Contrairement à toi, songea Jim. Brigitte lui déplaisait fortement, même si rien dans son attitude n'aurait pu le laisser penser.

— Y a-t-il quelqu'un d'autre qui pourrait escroquer Tallie, à votre avis ?

— Peut-être ce vieux croûton de Victor Carson. Il est marié à une femme très jeune qui semble avoir des goûts de luxe.

— Oui, c'est bien possible ! répondit Jim en riant. Nous l'avons déjà interrogé, ainsi que Hunter Lloyd.

Elle parut surprise.

— Nous avons gardé le meilleur pour la fin, ajouta-t-il, feignant de flirter avec elle.

Elle sourit, visiblement flattée.

— De toute façon, fit-elle en lui adressant un sourire aguichant, les malversations ont pris fin quand il est parti, c'est bien ça ?

— On dirait que oui. Mais si vous remarquez la moindre irrégularité, ne manquez pas de nous en informer. Immédiatement.

— Bien sûr. Je ne me rendais pas compte qu'il prenait autant. Il procédait par montants relativement petits et je n'arrivais pas à suivre.

— Mlle Jones ne vérifie pas ses comptes ?

— Elle n'a pas le temps.

— Elle ne signe pas ses propres chèques ?

— Non plus.

— Elle regarde ses relevés ?

— Jamais. C'est pour cette raison qu'elle m'emploie. Je garde sa trésorerie en ordre et j'envoie toutes les factures à Victor Carson.

— C'est beaucoup de responsabilités, non ?

— J'adore mon job. Nous nous entendons très bien, et depuis tellement longtemps !

— Elle aurait du mal à se passer de vos services, je crois. Elle m'a dit qu'elle avait une confiance totale en vous.

Brigitte se rengorgea, sensible au compliment.

— Elle a de la chance de vous avoir.

— Et vice versa, répondit-elle alors qu'il se levait, aussitôt imité par Jack.

— Merci pour la visite guidée. Ç'a été un grand plaisir. Si vous changez de carrière un jour, vous pourrez toujours vous reconvertir comme décoratrice d'intérieur, ajouta-t-il avec un sourire amical.

— J'espère que ça ne se produira pas, dit-elle gaiement en leur ouvrant la porte.

Une minute plus tard, ils étaient partis.

Brigitte monta d'un pas pressé l'escalier qui menait à sa chambre et se déshabilla. Tommy venait ce soir et elle voulait se préparer. L'entretien avec le FBI avait duré une éternité, près de deux heures. Cependant, ce Kingston ne lui avait posé que des questions de routine, et elle estimait s'en être bien tirée. Avec un peu de chance, l'enquête s'arrêterait là.

Juste au moment où elle se laissait glisser dans un bain parfumé, son portable sonna. C'était Tommy, qui l'avertissait qu'il aurait une heure de retard.

— Parfait. C'est exactement le temps dont j'ai besoin pour me faire belle, répliqua-t-elle d'une voix enjouée et sensuelle tout à la fois.

Tommy avait hâte de la rejoindre, et attendait avec plus d'impatience encore leurs vacances au Mexique. Elle l'avait invité à passer quelques jours au Palmilla de Cabo San Lucas, un des hôtels les plus luxueux au monde. Il avait vraiment de la chance de sortir avec une femme aussi exceptionnelle.

— Alors, quel est ton sentiment sur la demoiselle ? demanda Jack.

Personnellement, il avait été stupéfié par la beauté de Brigitte et par sa propriété. Il avait du mal à comprendre qu'une femme qui avait tout pour elle et menait une vie de rêve éprouve le besoin de mentir et de voler.

— Tu sais ce que je pense, répondit Jim, le visage grave.

Il avait particulièrement goûté le récit qu'avait fait Brigitte de sa relation avec Hunter Lloyd. A l'entendre, ces dîners au restaurant, ces hôtels cinq étoiles et ces vacances somptueuses avaient été un véritable calvaire. Une version des faits qui ne coïncidait pas tout à fait avec celle qu'avaient fournie les employés du Château Marmont et du Sunset Marquis. Ils se souvenaient très bien du couple, qui venait régulièrement et prenait du bon temps : ils avaient coutume de commander du champagne et des mets raffinés au service d'étage, ne quittant jamais leur chambre.

— Tu es prêt à parler au substitut du procureur ?

— Je veux attendre le rapport de San Francisco, répondit Jim. Il doit arriver demain. Voyons d'abord ce qu'il y a dedans.

— Sans doute rien de révolutionnaire, ironisa Jack.

— Je voudrais aussi aller dans les magasins et bijouteries qu'elle fréquente, même si Tallie pense que mes recherches n'aboutiront à rien. Apparemment, Brigitte reçoit une quantité inouïe de cadeaux en tous genres.

A vrai dire, Jim repoussait depuis plusieurs semaines le moment de s'acquitter de cette tâche. Il avait été pris par des affaires plus urgentes.

— J'irai voir le substitut du procureur ensuite. Pour l'instant, nous n'avons que des preuves indirectes et notre instinct. Et puis le fait que la victime a perdu près d'un million de dollars en trois ans. Espérons que ça suffira.

Il lui tardait de procéder à une arrestation. Il savait que Tallie n'attendait qu'un mot de lui pour congédier Brigitte, dont la présence devait lui peser de plus en plus.

Ils avaient rassemblé beaucoup d'éléments, interrogeant tout d'abord les employés de Brigitte, qui avaient notamment déclaré qu'elle recevait beaucoup d'hommes jeunes chez elle. L'analyse de ses relevés de comptes, obtenus grâce à un accord confidentiel passé avec la banque, s'était révélée particulièrement intéressante. Elle avait déposé de fortes sommes au cours de ces dernières années, toujours en espèces. Et systématiquement, cet argent était ensuite retiré aussi vite qu'il était apparu. Evidemment, aucune preuve d'achat de quoi que ce soit.

En outre, la perspective d'une arrestation suffisait parfois à délier les langues. Avec un peu de chance, Brigitte craquerait, passerait aux aveux et accepterait de plaider coupable. C'était le scénario le plus souhaitable pour tout le monde. Le parfum de scandale qui serait inévitablement associé à un procès ne pouvait que nuire à la réputation de l'assistante de Tallie, sans parler du coût qui en découlerait. Même si, à en juger par les apparences, elle avait les moyens de payer.

Jim déposa Jack au bureau et rentra chez lui. Bobby était là avec deux amis, en train de manger une pizza devant la télévision.

— Pas de devoirs ? demanda-t-il, surpris.

— Ils sont faits.

Autrefois, c'était Jeannie qui se chargeait de la scolarité de leurs fils, mais depuis cinq ans cette tâche lui incombait. De même que le petit déjeuner, le dîner, la lessive, le ménage, les matchs de la Little League, les transports ici et là pour leurs excursions et activités sportives, les rendez-vous chez le médecin, les courses pour la rentrée, les réunions parents-profs, la décoration de la maison et du sapin à Noël, la rédaction des cartes de vœux et les visites du labrador chez le vétérinaire. Jim était un orchestre à lui tout seul.

Par moments, Jeannie lui manquait tellement qu'il ne pouvait empêcher ses larmes de couler. Il l'avait rencontrée au collège et aimée vingt-sept ans durant. Il avait du mal à croire à sa disparition. Parfois, il en avait le souffle coupé.

Les garçons, encore en tenue de sport, riaient bruyamment, les pieds posés sur la table du salon. L'emballage de la pizza était tombé sur la moquette, et les canettes de Coca, en équilibre précaire, semblaient sur le point de l'imiter.

177

— Dites donc, les jeunes ! gronda-t-il. Faites un peu plus attention à ne pas saccager le salon, d'accord ?

— Pardon, papa, s'excusa Bobby, l'air contrit.

L'instant d'après, ils chahutaient sur le canapé. C'était peine perdue d'essayer de les raisonner ! Jim leva les yeux au ciel, mais, en réalité, il aimait que son fils amène des copains ; cela mettait de la vie dans la maison.

Avec une moue résignée, il monta travailler sur son ordinateur, songeant à Brigitte Parker et à sa luxueuse villa. Il savait que Tallie lui versait un salaire très élevé. Malgré tout, elle n'avait pas eu de scrupules à coucher avec son compagnon. Visiblement, elle croyait toujours que Tallie n'était pas au courant. Celle-ci avait joué son rôle à la perfection. Brigitte avait donc raison sur un point : Tallie était une excellente actrice en plus d'être une réalisatrice hors pair.

Les copains de Bobby déguerpirent vers vingt-trois heures, et son fils passa la tête à la porte de sa chambre.

— Ça va, papa ?

— Oui, mon grand. Et toi ?

Jim sourit à son fils cadet. Il était content de sa présence à la maison et redoutait le moment où il partirait à l'université, dans deux ans.

— Tu travailles trop, mon petit papa, déclara Bobby affectueusement. Tu es sur des affaires inté-ressantes ?

— Mouais.

Jim ne divulguait jamais à ses garçons les éléments des enquêtes en cours, mais cela ne les empêchait

178

pas de le bombarder de questions. Ils espéraient entendre des récits excitants de fusillades et de cadavres ensanglantés.

Or, Jim se tenait à l'écart de ce genre de dossiers. Il portait un revolver, mais il ne s'en servait que très rarement. Désormais spécialisé dans l'élucidation des crimes en col blanc, il s'était taillé une réputation d'enquêteur efficace et prenait plaisir à résoudre les énigmes par la logique, en faisant appel à ses capacités intellectuelles plutôt qu'à la violence.

— Tu faisais quoi, là ? insista Bobby en se laissant tomber sur le lit.

— J'enquête sur une fraude à la carte de crédit, une affaire qui couvre treize Etats, un réseau d'espionnage industriel, et deux détournements de fonds, dont l'un pour un montant de près d'un million de dollars.

— Ça a l'air rasoir, déclara son fils d'un ton blasé. Je suppose que ton flingue ne va pas quitter son étui de sitôt.

— J'espère bien que non, rétorqua Jim en riant.

Encore une mission qui n'impressionnait guère son fils, pensa-t-il, amusé, tandis que celui-ci se dirigeait vers sa chambre. Ses copains et lui avaient sûrement laissé le bazar au rez-de-chaussée, mais il rangerait le lendemain matin, avant de partir travailler. Heureusement, une femme venait faire le ménage chaque semaine.

Il alla souhaiter bonne nuit à Bobby, qui regardait la télé au lit, puis regagna sa propre chambre, se rappelant qu'il devait se rendre dans les magasins de Rodeo Drive de bonne heure le lendemain matin. Tallie lui avait remis une longue liste de boutiques.

179

Une pointe de nostalgie le saisit. Jeannie aurait adoré une sortie sur Rodeo Drive. Chacun de ses actes et toutes ses pensées le ramenaient constamment à elle.

13

Jim commença à une extrémité de Rodeo Drive et entreprit de descendre toute la rue. Les devantures prestigieuses se succédaient : Gucci, Fendi, Prada, Jimmy Choo, Dolce & Gabbana, Roberto Cavalli. Des bijouteries aussi : Cartier, Van Cleef et Harry Winston. Jim s'en voulait de ne pas avoir fait cette vérification plus tôt, mais il avait été débordé. Sa priorité avait été d'interroger les suspects et d'examiner les éléments réunis par les comptables.

Dans chaque boutique, il demanda à parler au gérant et le questionna sur les cadeaux envoyés à Brigitte Parker, l'assistante personnelle de Tallie Jones.

Partout, il obtint la même réponse. Une fois par an, à l'époque des fêtes, ils envoyaient un cadeau de remerciement à leurs meilleurs clients. Il s'agissait le plus souvent d'une babiole : une écharpe, une chemise de nuit, un pull, un stylo, un objet en cristal. Plusieurs magasins offraient des réductions aux VIP, mais Brigitte n'entrait pas dans cette catégorie. Cependant, c'était une excellente cliente, qui réglait ses achats rubis sur l'ongle et avait une prédilection pour les articles les plus luxueux. Ainsi avait-elle acheté plusieurs manteaux de fourrure, y compris une veste Dior en zibeline d'un montant de cinquante mille dollars, des sacs à main à quatre mille dollars pièce, un nombre incalculable de pulls, robes et chaussures, et surtout des bijoux, dont une bague en diamant l'année précédente pour près de cent mille dollars.

Autre information fort intéressante : Brigitte réglait presque toujours en espèces, exception faite de la zibeline et de la bague, qu'elle avait payées par chèque. Par acquit de conscience, Jim demanda au gérant de Prada s'il était possible que ses employés fassent des cadeaux à son insu. Celui-ci éclata de rire.

— Pas s'ils tiennent à conserver leur emploi. Ce serait du vol. Je suis sûr que Mlle Parker a reçu des présents de notre part à Noël, mais il ne s'agit que de menus objets. Nous gérons une entreprise, non une œuvre caritative.

Deux heures plus tard, Jim avait dressé un tableau assez complet des habitudes de Brigitte en matière de shopping. D'après ce qu'il pouvait en juger, ses dépenses excédaient de loin ses revenus, sans parler des frais qu'avaient nécessités la rénovation et l'ameublement de sa somptueuse propriété.

Il se reprocha de ne pas avoir mené cette petite enquête plus tôt. Il lui serait facile d'obtenir un relevé des achats de Brigitte dans la dizaine de magasins où il s'était rendu, et là se trouvaient les preuves dont il avait besoin. A moins que sa famille ne lui envoie de l'argent qui n'apparaissait pas sur ses relevés, Brigitte Parker devait bien trouver les fonds quelque part. Les vols s'étaient interrompus quand

Hunt était parti, mais, au rythme où elle aimait dépenser, elle reprendrait vite ses vilaines habitudes.

Jim remonta en voiture, le sourire aux lèvres. Il avait à présent tous les éléments en main pour présenter l'affaire au substitut du procureur et solliciter un mandat d'arrêt.

— Qu'est-ce qu'il t'arrive ? demanda Jack en le voyant arriver au bureau, une expression ravie égayant son visage.

— J'ai eu une matinée fructueuse.

— On dirait bien.

— Je suis allé faire un tour sur Rodeo Drive. Estime-toi heureux de ne pas être marié à Brigitte Parker, mon vieux, même si tu avais l'air de la trouver sacrément attirante hier. Cette femme dépense une fortune !

— Je croyais qu'elle recevait des cadeaux en veux-tu en voilà grâce à la renommée de son employeur.

— Pas un seul. Nous allons devoir revérifier les comptes de Tallie Jones. A mon avis, Mlle Parker a dilapidé plus d'un million de dollars au cours des deux dernières années. Et elle règle tout en espèces sonnantes et trébuchantes.

Il souriait encore jusqu'aux oreilles quand Jack laissa tomber un dossier sur son bureau.

— Il faut croire que c'est ton jour de chance. Voici un cadeau pour toi, de la part de l'agence de San Francisco. Pour ce qui est de la belle-mère, Brigitte n'a pas menti – elles se détestent cordialement. Mais à part ça, elle n'a raconté que des bobards. Elle n'a pas d'épargne. Sa famille n'a pas d'argent. Le père est un ancien employé des télécoms à la retraite. La belle-mère dit que c'est une mythomane et qu'elle l'a toujours été, même enfant. Elle les a tous escroqués à diverses occasions. Elle a couché avec son beau-frère, elle lui a emprunté de l'argent, l'a fait chanter, a menacé de révéler leur liaison à sa sœur et a plus ou moins dilapidé toutes leurs économies. Le scénario a un air de déjà-vu.

« Elle ne retourne jamais à San Francisco et n'a aucun contact avec eux depuis vingt ans. D'après Barney, l'agent qui est allé les voir, le père est un petit vieux plutôt sympathique, que les agissements de sa fille font pleurer. Apparemment, elle a passé près d'un an dans un hôpital psychiatrique à la mort de sa mère et elle a été régulièrement arrêtée pour vol à l'étalage par la suite. Il y a eu aussi une petite fraude à la carte de crédit, pour laquelle elle n'a pas été poursuivie.

— Bon sang ! On a décroché le gros lot ! s'écria Jim, avant de s'assombrir soudain. Tu crois que sa famille va l'avertir que nous enquêtons sur elle ?

— D'après Barney, c'est peu probable. Sa sœur dit que sa place est derrière les barreaux. Avec un peu de chance et l'aide du procureur, nous allons pouvoir réaliser son rêve. Je ne crois vraiment pas que tu aies à t'inquiéter de ce côté-là. A toi de jouer, maestro. Tout est dans le rapport.

— File, sinon je t'embrasse !

Resté seul, Jim lut le document avec attention. Les éléments étaient implacables.

Le substitut du procureur ne lui poserait qu'une question : l'affaire relevait-elle du FBI ou de la police ? Jim avait des arguments solides en faveur de la première hypothèse. Brigitte s'était servie plusieurs fois des Air Miles de Tallie sans lui en demander la

184

permission, ce qui était un délit fédéral, et Victor avait également signalé des transferts frauduleux effectués à partir d'un compte Internet au nom de Tallie. Là encore, cette fraude les concernait au premier chef.

Jim n'avait pas l'intention de lâcher le dossier. Il tenait dur comme fer à poursuivre cette femme en justice et à faire en sorte que Tallie Jones soit remboursée au maximum, au moins qu'elle récupère la maison de Brigitte Parker, ses meubles anciens et ses œuvres d'art.

Pour l'argent liquide, c'était une autre histoire. Il avait probablement été entièrement dépensé. Jim devrait aussi enquêter sur la manière dont Brigitte avait financé l'achat de sa propriété, car il était évident qu'elle n'avait pas fait d'héritage, pas plus qu'elle n'avait puisé dans son épargne, laquelle n'avait jamais existé.

En bref, Brigitte avait menti du début à la fin. Il était fort possible que les vols durent depuis de nombreuses années, voire depuis que la carrière de Tallie avait pris son essor. Si ces agissements n'avaient pas été découverts plus tôt, c'était parce que la réalisatrice gagnait des sommes énormes et qu'elle avait en Brigitte une confiance aveugle : elle ne vérifiait pas ses comptes, ni la gestion que Brigitte faisait de son argent. Son assistante avait eu carte blanche, on ne pouvait pas mieux dire.

Sans doute Tallie avait-elle été trop naïve, mais Brigitte avait soigneusement cultivé leur amitié pour parvenir à ses fins. D'ailleurs, faire confiance à autrui n'était pas un crime et ne méritait pas d'être « puni » par le vol et l'exploitation éhontée. Jim voulait donc faire tout son possible pour que Tallie soit dédommagée.

Il rangea ses documents dans le classeur et traversa la rue pour aller voir le substitut du procureur. Henry Loo était à son bureau. Les deux hommes échangèrent une poignée de main cordiale. Jim appréciait Henry, qui était tout à la fois souple et déterminé dans les rapports professionnels. Il avait traité avec lui bon nombre d'affaires.

— Vous avez l'air content, lança Henry en lui faisant signe de s'asseoir. Vous m'apportez quelque chose ?

— Un cadeau. Bien emballé, avec de jolis rubans.

Les affaires de vols d'argent liquide étaient toujours délicates à prouver, mais, dans ce cas précis, les indices étaient si flagrants, les dépenses de Brigitte tellement au-dessus de ses moyens, et ses mensonges si énormes que Jim ne doutait pas du succès.

Lorsqu'il eut terminé son exposé, Henry parut satisfait de ses conclusions. Jim ajouta qu'il enquêtait depuis deux mois, une période relativement courte dans leur domaine d'activité. Henry tomba d'accord avec lui pour laisser l'enquête aux mains du FBI plutôt que de la transférer à la police.

— Brigitte Parker a d'abord essayé de faire endosser le blâme à l'ex-compagnon de la victime, reprit Jim, mais ce type gagne une fortune. Il semble hors de cause. De même que le comptable de Tallie Jones, quoique le pauvre soit dans de sales draps, à cause de sa jeune épouse qui le saigne à blanc. Bref, le dossier est solide. Nous avons tout ce qu'il nous faut pour obtenir une condamnation.

— J'en ai bien l'impression, répondit le jeune substitut du procureur avec un large sourire. Croyez-vous que Mlle Parker va plaider coupable ?

— Difficile à dire. Tout dépend de la marge de manœuvre qu'on va lui donner et de la tactique de son avocat. Je doute qu'elle soit enchantée à l'idée d'aller en prison, mais, vu les sommes concernées, on ne lui demandera pas son avis. Elle ne sera pas acquittée sous prétexte que c'est un premier délit, puisqu'il est aggravé par la répétition continuelle des vols, sans compter qu'on a un cas sérieux d'abus de confiance.

— La victime est d'accord pour que son assistante soit poursuivie ? Elle ne va pas plaider la compassion vis-à-vis de sa meilleure amie ?

— Certainement pas ! Cette soi-disant meilleure amie a couché avec son compagnon pendant trois ans.

— Elle l'a congédiée ?

— Pas encore. Je lui avais demandé d'attendre mon feu vert pour le faire, le temps que nous rassemblions assez d'éléments. Je ne voulais pas que notre principal suspect s'évanouisse dans la nature.

— Je présume que vous avez interrogé Mlle Parker ?

— Oui. Hier.

— Qu'avez-vous obtenu ?

— Un tissu de mensonges. J'ai aussi eu droit à une visite de sa fabuleuse villa, superbement située, qui a sans doute été achetée avec l'argent de Mlle Jones. Je vais creuser de ce côté à présent. Ce serait une bonne chose si la propriété pouvait revenir à la victime en guise de dommages et intérêts. Au moins, Mlle Jones pourrait la vendre.

— Il faudra que vous en parliez au juge et au fisc.

Brigitte n'avait évidemment pas payé d'impôts sur l'argent volé, de sorte qu'elle serait aussi inculpée de fraude et que le fisc réclamerait sa part. Au bout du compte, ce serait au juge de trancher.

— Pouvez-vous m'obtenir un mandat rapidement ? demanda Jim avec espoir.

Il avait hâte d'aller de l'avant, sachant que ce serait un soulagement pour Tallie. Elle avait subi assez d'épreuves, matériellement et sentimentalement parlant.

— Donnez-moi un peu de temps ! s'écria Henry en levant les mains. Il faut que je présente l'affaire au grand jury et, pour cela, j'ai besoin de votre rapport préliminaire.

— Vous l'aurez demain ou après-demain au plus tard.

— Les juges sont débordés, mais je vous promets de m'en occuper au plus vite.

— Parfait.

Il faudrait ensuite environ une semaine pour obtenir le mandat, le juge devant étudier chaque requête qui lui était soumise. En outre, Brigitte n'était une menace physique pour personne, et l'affaire ne présentait pas de caractère d'urgence.

Une fois le mandat en poche, Jim pourrait procéder à l'arrestation. Il avertirait au préalable l'avocat de Brigitte – si elle en avait un –, afin de lui épargner l'humiliation de se voir passer les menottes chez elle ou sur son lieu de travail.

— Retrouver la trace de tout cet argent ne sera pas une mince affaire, l'avertit Henry.

— Non, mais Brigitte semblait avoir établi un modus operandi. Immédiatement après avoir fait un « retrait », elle filait droit sur Rodeo Drive. Dire qu'il a fallu un audit imprévu pour découvrir le pot aux roses. C'est à ce moment-là qu'elle a imputé ces retraits au petit ami. En fait, Tallie Jones et lui se sont séparés après cette révélation et aussi à cause de la liaison qu'il a entretenue avec l'assistante pendant trois ans.

— Peut-être qu'ils vont se réconcilier à présent, plaisanta Henry.

— J'en doute. Il va avoir un bébé avec une autre femme !

Henry le regarda d'un air amusé.

— Vous menez une vie nettement plus excitante que la mienne, mon vieux. Où est-ce que vous trouvez tous ces gens ?

— A Hollywood, répondit Jim en souriant. Cela dit, la victime est très sympathique, très simple. Malgré tout ce qu'elle gagne, elle ne mène pas du tout une vie de luxe. Les normes de son milieu lui sont étrangères. Je crois que c'est la raison pour laquelle elle ne s'est aperçue de rien. Et pendant qu'elle travaille, son assistante s'occupe de dépenser son argent.

Quelques minutes plus tard, Jim regagnait son bureau. Le processus juridique était enclenché.

Il appela Tallie sans plus attendre. Elle était sur le plateau et répondit d'une voix préoccupée.

— J'aimerais vous parler ce soir si vous avez un moment.

— Je vais travailler tard. Quelque chose ne va pas ?

— Non, au contraire. Tout va très bien. Vous pouvez renvoyer votre assistante. Nous avons les preuves qu'il nous faut, du moins pour lancer l'action en justice. Je sors de chez le procureur.

Tallie était stupéfaite. Elle avait fini par penser que ce jour n'arriverait jamais. Sans nouvelles de Jim Kingston depuis des semaines, elle se demandait s'il ne s'était pas désintéressé de l'affaire.

— Quelle va être la suite des événements ? demanda-t-elle.

— Eh bien, j'obtiendrai sûrement le mandat la semaine prochaine ou celle d'après. J'agirai dès qu'il sera en ma possession.

— Je pars demain retrouver ma fille à New York, je ne serai pas là, dit-elle d'un ton contrarié.

— Je ne m'attendais pas à ce que vous soyez présente lors de l'arrestation. Faites-moi confiance, j'ai l'habitude.

Elle ne put étouffer un soupir de soulagement. Jim Kingston avait tenu ses promesses. Maintenant, c'était à elle de décider quand congédier Brigitte, et de quelle manière. Elle était lasse de jouer la comédie.

— Voulez-vous que nous nous voyions pour parler de tout cela ? reprit Jim.

Elle réfléchit un instant. Elle avait encore une foule de questions à lui poser.

— Eh bien, il faut que je termine ici et je veux voir mon père après le travail, et puis je dois préparer mes bagages pour demain... Vingt et une heures, c'est trop tard pour vous ?

— Je peux me débrouiller, assura-t-il, songeant qu'il dînerait avec Bobby avant de la retrouver. Ça ira.

— Dans ce cas, à tout à l'heure... et merci !

Brigitte passa à côté d'elle comme elle coupait la communication.

— Qui était-ce ?

Elle semblait curieuse à propos de tout, ces temps-ci, à moins qu'elle ne l'ait toujours été et que Tallie y soit plus sensible à présent.

— Greg Thomas. J'ai promis à mon père de l'aider à mettre ses papiers en ordre. Tu sais comment sont les personnes âgées.

— Comment va-t-il ?

— Pas très bien.

Cela du moins était, hélas, la vérité. Sam semblait s'éteindre lentement, comme une bougie qui perd peu à peu de son éclat. Tallie faisait de son mieux pour stimuler son intérêt et son énergie, mais, certains jours, son père était tout simplement trop fatigué pour même se lever.

Les deux femmes regagnèrent le bureau ensemble afin de régler des détails de dernière minute avant le départ de Tallie pour New York. Tallie se demandait si elle reverrait jamais Brigitte. Peut-être lors du procès, s'il y en avait un. Avec un peu de chance, celle-ci plaiderait coupable avant.

— As-tu besoin de quoi que ce soit ? s'enquit Brigitte avec un sourire alors qu'elles retournaient à leurs voitures, garées côte à côte.

— Non, merci. Je vais passer dire au revoir à mon père et rentrer. J'ai hâte de retrouver Max.

Elle était tout excitée à cette perspective, même si, bien sûr, elle appréhendait de révéler à sa fille les événements des derniers mois.

— Tu veux que je t'aide à faire tes bagages ?

Comment Brigitte pouvait-elle continuer à jouer la parfaite assistante avec autant d'aplomb ? Tallie se sentait incapable de la pardonner et n'avait plus qu'une envie : se débarrasser d'elle le plus tôt possible. Quel effet cela ferait-il à Brigitte d'être arrêtée ? Que serait sa vie désormais ? D'après l'agent du FBI, elle n'échapperait pas à la prison.

— Je pourrais apporter de quoi dîner, ajouta-t-elle.

— C'est gentil, mais je vais juste faire ma valise et me coucher. Je déteste ce vol si tôt le matin, répondit Tallie en lui rendant son sourire.

Chaque fois qu'elle lui souriait, elle avait l'impression de mentir. Même sa dernière phrase était un mensonge, puisqu'elle avait l'habitude de se lever à l'aube pour travailler et que cela ne la gênait en rien. Toutes les paroles qu'elle adressait à Brigitte lui paraissaient imprégnées de fausseté.

Brigitte l'étreignit et Tallie se laissa faire malgré la répugnance qu'elle éprouvait.

— Fais une bise à Maxine pour moi.

— Oui. Et toi, amuse-toi bien au Mexique ! lança Tallie en montant dans sa voiture.

Brigitte lui avait dit qu'elle allait à Cabo San Lucas, sans préciser avec qui, et Tallie s'en moquait éperdument. Elle démarra et téléphona aussitôt à Greg Thomas pour l'avertir que le FBI procéderait à l'arrestation de son assistante très bientôt.

— J'attendais leur autorisation pour la renvoyer. Je ne sais pas trop comment m'y prendre. Que me suggérez-vous ?

— Je suggère de procéder par lettre et par e-mail plutôt que de vive voix. On ne sait jamais, si cela tourne au vinaigre… Vous croyez qu'elle pourrait se montrer violente ?

Il était inquiet pour Tallie, surtout à présent qu'elle vivait seule.

— Je ne pense pas. J'espère que non. Que comptez-vous mettre dans la lettre ?

— Quelque chose du style : « La mise au jour d'irrégularités dans les comptes a ébranlé ma confiance en ta capacité à gérer mes affaires et, au vu des circonstances, il n'est plus souhaitable que tu restes mon assistante. Bonne continuation, bonne chance, et bon vent ! » Qu'en dites-vous ? demanda-t-il en riant.

— Très bien, sauf pour la dernière phrase.

Quelle manière de mettre fin à une relation qui avait duré dix-sept ans, presque la totalité de leur vie adulte ! Comment Brigitte allait-elle réagir ? Serait-elle furieuse, ou anéantie ? Sans doute l'appellerait-elle dans un torrent de larmes et nierait-elle tout en bloc, puisqu'elle passait son temps à mentir.

— Je plaisantais, Tallie, ne vous inquiétez pas. La lettre sera écrite à la troisième personne et portera ma signature, pas la vôtre. Je ne veux pas que vous soyez en première ligne dans cette affaire. A propos, il y a autre chose dont je voudrais discuter avec vous. Dès qu'elle aura été arrêtée, il nous faudra entamer une procédure civile à son encontre pour essayer de recouvrer une partie de votre argent. Elle a une maison, des biens, des bijoux, sans doute de l'argent à la banque. Je mettrais ma main à couper que tout ça vous appartient de facto. Je ferai le nécessaire à ce sujet pendant que vous êtes à New York.

Tallie réalisait peu à peu que la vie de Brigitte allait s'effondrer tel un château de cartes.

— J'appellerai la banque en votre nom demain matin. Nous allons l'exclure de l'accès aux comptes et changer les codes. Et je veux que les serrures chez vous soient remplacées. Il faut que cela soit fait avant qu'elle reçoive la lettre.

Tallie soupira.

— Je n'aurai pas le temps de trouver un serrurier avant demain, et je serai à New York toute la semaine, lui rappela-t-elle.

— Je m'occupe de tout alors. J'enverrai ma secrétaire chez vous pour qu'elle y retrouve le serrurier. Et je contacte votre banquier. Ne vous faites pas de souci.

— Vous pouvez me joindre à New York si nécessaire.

— J'espère ne pas en avoir besoin. Profitez bien de votre fille.

— Merci, Greg. Brigitte sera absente, elle aussi. Elle part en vacances au Mexique.

— Elle recevra la lettre par e-mail. Et une lettre avec accusé de réception par courrier.

— Je suppose que le FBI va l'arrêter à son retour.

— Laissez-les s'inquiéter de tout ça. Je me charge de la procédure civile et du reste. Et vous, amusez-vous bien à New York.

— Merci, Greg.

Tallie se sentait soutenue, moins seule que dans les premiers temps. La double trahison qu'elle avait subie était rude et, même si elle détestait ce mot, elle devait bien reconnaître qu'elle avait été une victime, de Hunt comme de Brigitte. C'était une sensation épouvantable.

A son retour, il lui resterait quelques semaines de tournage, puis ce serait la postproduction, et elle en aurait terminé avec ce film qu'elle finissait par maudire. Après, elle prendrait des vacances bien méritées. Ç'avait été l'année la plus stressante de sa vie et elle soupçonnait que c'était encore loin d'être fini. D'après ce que lui avait dit Jim Kingston, le procès débuterait neuf mois, voire un an après le début de la procédure.

Tallie informa son père des derniers rebondissements de l'affaire. Il parut satisfait de la tournure des événements, et toujours aussi atterré par la conduite de Brigitte.

Après l'avoir quitté, Tallie rentra chez elle, alluma toutes les lumières du rez-de-chaussée, fouilla dans le réfrigérateur pour grignoter quelque chose avant que Jim arrive et dut se satisfaire d'une moitié de melon et d'un morceau de fromage. Il y avait deux mois qu'elle n'avait pas pris de repas digne de ce nom. Elle n'avait pas le temps ni l'envie de cuisiner, si bien qu'elle avait maigri : son jean flottait à la taille.

La sonnette retentit juste comme elle avalait sa dernière bouchée. Elle fit entrer Jim et le remercia d'être venu. Il avait apporté un exemplaire du rapport remis par le bureau de San Francisco et le lui tendit dès qu'ils furent assis dans la cuisine.

— Je viens de vérifier le contenu de mes placards et je peux vous offrir de l'eau gazeuse, une moitié de citron vert, un Coca light et une barre de céréales sans doute périmée, annonça-t-elle en souriant. Qu'est-ce qui vous ferait plaisir ?

Il se mit à rire.

— Le choix va être difficile. Voulez-vous partager le Coca ?

— Je vous le laisse, de l'eau m'ira très bien, répondit-elle en se levant.

— Sans mon fils, ma cuisine serait sûrement aussi mal approvisionnée que la vôtre, la rassura Jim, mais il a quinze ans et dévore une pizza toutes les deux heures, alors j'essaie de lui préparer des repas corrects le week-end.

— Vous n'êtes pas marié ? demanda-t-elle, cédant à l'envie de lui poser une question personnelle.

— Ma femme est morte d'un cancer du sein, il y a cinq ans.

— Oh ! Je suis désolée, fit-elle avec douceur.

— Merci. J'ai la chance d'avoir deux fils géniaux. Sans eux, je ne sais pas comment j'aurais pu continuer à vivre. On se débrouille à présent, mais ç'a été dur. Très dur. C'était une femme merveilleuse.

Tallie l'observa. L'émotion de Jim Kingston était visible. A l'évidence, sa femme lui manquait encore énormément.

— Moi aussi, j'ai élevé ma fille seule. Son père et moi avons divorcé quand elle était bébé. Il est sorti de sa vie et de la mienne. C'est terrible à dire, mais parfois il me semble que cela a simplifié les choses. Par exemple, je n'ai pas eu à me battre avec lui pour la garde.

— Votre fille n'a jamais revu son père ?

Tallie eut un soupir de regret.

— Si, quatre fois en tout et pour tout. C'est un cow-boy du Montana, un pro des circuits de rodéo. Je suis tombée amoureuse de lui à l'université et Maxine – c'est ma fille – est arrivée très vite. Mon père a insisté pour qu'on se marie, mais nous étions beaucoup trop jeunes. Il est retourné dans le Montana quand Maxine avait six mois. Elle a dix-huit ans à présent. Ensuite, je me suis remariée avec Simon Harleigh. Notre union n'a duré que onze mois.

Jim connaissait l'acteur. Il faut dire qu'il était mondialement célèbre.

— Il m'a trompée avec l'actrice principale d'un de ses films. Je l'ai appris par les tabloïds, qui en ont fait des gorges chaudes. J'ai demandé le divorce. Hunt Lloyd est le seul autre homme avec qui j'ai vécu ; notre relation a duré plus longtemps que l'un et l'autre de mes deux mariages, conclut-elle avec tristesse.

Et Hunt l'avait trompée, lui aussi, songea Jim. Elle n'avait pas eu beaucoup de chance avec les hommes, ou peut-être n'avait-elle pas fait de bons choix. Pourtant, elle semblait gentille, droite et d'une simplicité désarmante, autant de qualités qui la rendaient sans doute vulnérable dans le monde particulier dans lequel elle évoluait, plein de gens superficiels, malhonnêtes et indignes de confiance. Brigitte, notamment, avait vu en elle une proie facile.

Tallie parcourut le rapport de l'agence de San Francisco, puis leva sur Jim des yeux stupéfaits.

— Mais c'est incroyable ! Elle a menti sur tout. A part le fait que sa mère est bien morte, il n'y a absolument rien de vrai dans ce qu'elle m'a raconté.

— Et je n'ai pas l'impression que les membres de sa famille l'aiment beaucoup.

— Oui, je vois ça. Elle les a trompés, eux aussi, et leur a extorqué de l'argent.

Tallie n'était pas au bout de ses surprises. Quand Jim lui raconta son expédition dans les magasins de Rodeo Drive, elle n'en crut pas ses oreilles.

— Quand allez-vous l'arrêter ? finit-elle par demander, avant d'expliquer que Brigitte serait au Mexique la semaine suivante.

— Dès son retour.

— Et ensuite ?

— Elle sera présentée devant le juge deux jours plus tard. Celui-ci fixera une caution ou la laissera sortir simplement en échange de sa promesse de comparaître. Son passeport lui sera confisqué. Ensuite, il faudra attendre le procès.

— C'est tout ? s'écria Tallie, consternée. Elle va rester libre de ses mouvements pendant peut-être un an, malgré les crimes qu'elle a commis ?

— Oui, c'est la procédure classique, sauf en cas de crime violent. Pour les crimes en col blanc, l'accusé continue à mener une vie normale jusqu'à ce que le procès ait lieu ou qu'il plaide coupable. Selon le jugement, avec un peu de chance, elle ira en prison pendant plusieurs années.

— Et si elle prend la fuite ?

— Nous la rattraperons et la ramènerons. Si une caution est exigée, elle devra déposer un chèque ou remettre l'acte de propriété de sa maison ou un document similaire. Si elle est libérée sans caution, elle aura moins de restrictions financières jusqu'au procès. Mais le juge ne choisira pas cette option si le risque qu'elle s'enfuie est élevé. Vous croyez que c'est le cas ?

— Je n'en ai pas la moindre idée. Je croyais la connaître, mais je me suis complètement trompée, ajouta-t-elle en désignant le rapport. Je ne sais pas du tout comment elle réagira.

— La plupart des gens se contentent d'attendre le procès ou plaident coupables, la rassura Jim. En vingt-six ans au FBI, je n'ai connu qu'une personne qui a pris la fuite ; nous l'avons retrouvée, et il a fallu procéder à une extradition depuis le Royaume-Uni. Une affaire d'escroquerie, qui remonte à très longtemps. Ne vous inquiétez pas, Tallie, le procès aura lieu, toute cette histoire aura une fin. Il faut être patient, voilà tout. L'essentiel pour vous, à présent, c'est d'essayer de recouvrer une partie de votre argent. Ce ne sera pas chose facile. J'ai bien l'impression que Brigitte dépensait au fur et à mesure. Elle a une maison magnifique, hein ?

Tallie se mit à rire.

— Oui, c'est certain, je l'ai surnommée le Palazzo Parker.

— Peut-être en serez-vous l'heureuse propriétaire quand tout ceci sera terminé. A mon avis, c'est vous qui l'avez payée, de la cave au grenier.

— Elle m'a dit qu'elle l'avait achetée grâce à son héritage et ses placements. Et je l'ai crue !

Jim Kingston se leva pour prendre congé. Il lui souhaita bon voyage et promit de la contacter à son retour. Tallie espérait que Brigitte serait arrêtée d'ici là, mais Jim ne pouvait le lui garantir. Il fallait attendre la décision du grand jury, celle du juge, et le mandat, avant d'agir. Quoi qu'il en soit, Brigitte n'allait pas tarder à tâter du système judiciaire et carcéral.

Ce n'était pas trop tôt, songea Tallie en refermant la porte derrière lui.

14

Chez Victor et Brianna, la soirée fut agitée. Au terme d'une guerre qui durait depuis des semaines, Victor avait dû se rendre à l'évidence : il avait perdu. Brianna n'avait jamais fléchi concernant le contrat postnuptial ; elle persistait à exiger de l'argent. De plus, elle n'avait pas digéré que Victor n'ait pas reçu d'invitation pour les Academy Awards. Deux mois avaient passé depuis, mais elle l'accablait encore de reproches à ce sujet.

— Tu savais que je rêvais d'y aller ! accusa-t-elle, mi-criant, mi-geignant. Tu m'avais promis !

— Je ne t'avais rien promis, Brianna, protesta-t-il. Je ne suis pas membre de l'Académie. Et je ne te l'ai jamais fait croire.

— Et les réceptions qui ont suivi ? Celle de *Vanity Fair*, par exemple ? insista-t-elle avec une expression féroce.

— Il aurait fallu que je demande à Tallie Jones de me procurer une invitation, et je ne voulais pas m'imposer. D'ailleurs, elle a d'autres chats à fouetter en ce moment.

— Moi aussi.

Le visage fermé, Brianna se mit à jeter pêle-mêle des vêtements dans les valises Louis Vuitton qu'elle avait ouvertes ici et là dans la chambre. Tout en s'activant, elle s'apitoyait sur son sort :

— Mon mari ne s'intéresse pas du tout à moi, refuse de me garantir une sécurité financière et n'a tenu aucune des promesses qu'il m'avait faites de m'aider dans ma carrière.

— J'ai fait tout ce que j'ai pu, répondit-il d'un ton morne en la regardant vider une étagère entière de chaussures.

Ses fourrures étaient déjà empilées sur le lit. Cette fois, il ne s'agissait plus d'une déclaration visant à l'effrayer. C'était bien la fin de leur mariage.

— Où vas-tu ? demanda-t-il.

— J'ai réservé une suite au Beverly Wilshire.

Victor éprouva une bouffée d'angoisse en pensant aux factures qu'elle mettrait à son nom. L'hôtel était situé sur Rodeo Drive, en face de ses magasins préférés, ce qui n'était évidemment pas une coïncidence.

Elle le toisa d'un regard furieux.

— Victor, je veux divorcer. Tu n'es pas l'homme que je croyais.

Ses paroles lui firent l'effet d'une gifle. Pourtant, il s'y attendait, il avait pressenti ce dénouement depuis le jour où elle avait abordé la question du contrat postnuptial. Il aurait d'ailleurs parié que cette initiative venait de Brianna elle-même et non de son avocat, comme elle l'avait affirmé. C'était sa femme tout craché. Et il savait bien qu'il ne pouvait plus la garder. Il y avait des mois, pour ne pas dire des années, qu'il n'en avait plus les moyens. Ce qui l'inquiétait désormais, c'était la pension qu'elle allait réclamer.

Même avec un contrat prénuptial, ce divorce allait lui coûter une fortune.

Il quitta la chambre sans rien dire tandis qu'elle continuait à faire ses bagages.

Le lendemain matin, quand il s'éveilla dans le grand fauteuil en cuir de son bureau, Brianna était partie. Tout était fini. Il se sentait anesthésié et avait l'impression d'avoir pris dix ans d'un coup. Sa femme n'avait laissé ni lettre ni message, seulement un chaos financier et des armoires vides. L'épisode Brianna avait été un désastre.

Parti de Los Angeles à l'aube, l'avion de Tallie se posa à l'aéroport John-Kennedy de New York à trois heures de l'après-midi, décalage horaire oblige. Après avoir récupéré ses bagages, elle prit un taxi et gagna son appartement. Celui-ci n'avait rien de luxueux, mais il était spacieux, ensoleillé, et agréablement situé dans un immeuble moderne et cossu de West Village, un quartier sûr. La présence du portier était une garantie supplémentaire de sécurité, et Tallie avait accepté que Maxine s'installe là plutôt qu'en résidence universitaire.

Elle embrassa du regard les traces habituelles de la vie estudiantine : vêtements abandonnés ici et là, livres ouverts un peu partout, cendriers débordants, canettes de Coca vides, cartons de pizza laissés sur la table. En attendant Max, qui devait rentrer de cours vers dix-huit heures, elle mit un peu d'ordre, jeta à la poubelle ce qui aurait déjà dû s'y trouver et retapa le lit. Puis elle se fit couler un bain. Quand Maxine arriva, elle se reposait, vêtue d'un confortable peignoir rose en éponge. Sa fille poussa un cri de joie en la voyant et sauta sur le lit à côté d'elle. Avec son jean effrangé, son sweat rouge et sa paire de tongs, elle ressemblait, du point de vue vestimentaire, à une sœur jumelle de Tallie.

— Tu m'as tellement manqué ! s'écria-t-elle en lui plaquant deux baisers sonores sur les joues.

— Toi aussi, tu m'as manqué, ma chérie, répondit-elle en la serrant dans ses bras.

Mère et fille avaient une foule de projets pour la semaine à venir. Maxine tenait à lui présenter ses nouvelles amies et à lui faire visiter tous les endroits, magasins et restaurants, qu'elle avait découverts depuis qu'elle vivait là.

Tallie, elle, mourait d'envie d'aller au moins une fois au théâtre à Broadway. Tandis qu'elle évoquait les critiques qu'elle avait lues sur diverses pièces, elle eut soudain le sentiment d'avoir retrouvé son foyer. La présence de Maxine était aussi réconfortante qu'un bon lit bien douillet. Elle comprit alors combien les épreuves de ces derniers mois l'avaient éprouvée. D'ailleurs, Maxine lui trouva l'air fatigué.

— Tu travailles trop, maman, la gronda-t-elle. Je suis tellement contente que tu sois venue !

Une seconde plus tard jaillit la question que Tallie redoutait.

— Comment va Hunt ?

— Je suppose qu'il va bien, répondit-elle vaguement.

— Comment ça, « tu supposes » ?

Maxine se redressa.

— Qu'est-ce que tu veux dire ? Il est absent ?

Tallie resta silencieuse une minute, cherchant les mots appropriés. Elle avait espéré que le sujet ne serait pas abordé si vite.

— En un sens.

Elle prit une profonde inspiration et se lança.

— Je voulais tout t'expliquer de vive voix. Hunt est parti.

— Parti ? Quand ? demanda Maxine, choquée.

— Il y a environ trois mois, avoua Tallie à voix basse.

— Et tu ne m'as rien dit ? Pourquoi ?

Elle était en colère. Comment sa mère avait-elle pu lui cacher cette nouvelle incroyable ? Hunt faisait partie de leur vie depuis qu'elle avait quatorze ans et il avait représenté pour elle une figure paternelle.

— C'était compliqué. Ça a été une période assez difficile, dit Tallie, les larmes aux yeux.

Elle ne voulait pas que Maxine soit fâchée contre elle. Ce qu'elle vivait était déjà assez douloureux.

— Compliqué comment ? insista sa fille.

— Eh bien, j'ai appris beaucoup de choses que j'ignorais. Des choses qui expliquent que je ne pouvais pas continuer à vivre avec lui.

— Quelles choses ? Cesse de faire tant de mystères, maman ! Je ne suis plus un bébé. J'ai dix-huit ans.

Aux yeux de Tallie, sa fille sortait pourtant tout juste de l'enfance. Cependant, elle se souvenait de s'être sentie adulte au même âge. Et deux ans plus tard, elle était devenue mère.

— Pour être franche, je ne sais pas très bien par où commencer. C'est une longue histoire. Nous avions un investisseur japonais pour notre prochain film – que je ne fais plus avec Hunt, d'ailleurs, puisque tu veux tout savoir. Cet investisseur exigeait un audit. Quand celui-ci a été effectué, notre comptable a découvert que près d'un million de dollars manquait sur mon compte. Comme je n'y comprenais rien, j'ai interrogé Brigitte. Elle a commencé par affirmer qu'elle ne savait rien, et puis, deux jours plus tard, elle m'a dit que Hunt me volait, ou plus exactement qu'il la forçait à lui donner de l'argent en secret...

— Maman, c'est n'importe quoi ! coupa Maxine. Hunt ne ferait jamais ça. Il est constamment en train de m'offrir de l'argent de poche, au contraire. Brigitte est complètement folle !

— Peut-être que oui, justement. En tout cas, pendant un temps, j'ai été convaincue que c'était lui.

— C'est nul de ta part, lui reprocha sa fille, irritée.

— Quoi qu'il en soit, poursuivit Tallie avec douceur, Brigitte m'a appris une autre mauvaise nouvelle. Elle m'a raconté que Hunt avait une maîtresse.

Maxine secoua la tête, levant les yeux au ciel.

— Encore des conneries ! Hunt ne te ferait jamais ça, maman. Qu'est-ce qu'elle a, Brigitte, enfin ? Elle est fâchée contre Hunt ou quoi ?

— Oui, elle l'est, mais c'est la vérité, Hunt m'a trompée. Je ne voulais pas le croire non plus, alors je l'ai fait suivre par un détective privé, qui les a pris en photo. Bref, il aime cette femme et va avoir un enfant avec elle. Tu vois, ce ne sont pas de bonnes nouvelles, conclut Tallie, la gorge nouée.

— Ce n'est pas possible ! protesta Maxine, atterrée.

— Si, ma chérie. Je suis désolée, je sais que tu l'aimes et moi aussi je l'aime, ou plutôt je l'aimais... mais il a bel et bien quelqu'un d'autre. Il a tout avoué. Je lui ai demandé de rompre avec cette femme et il a refusé.

Tallie s'efforçait de parler d'un ton égal, mais Maxine, en larmes à présent, ne pouvait se méprendre sur cette histoire sordide. Sa mère l'entoura de ses bras. La désillusion était immense pour elles deux.

— Je ne sais pas comment il a pu agir ainsi. Et même si ça m'a fait souffrir, je suis contente que Brigitte me l'ait appris.

— Comment l'a-t-elle su ?

Maxine se pelotonna contre sa mère comme une enfant, visiblement secouée.

— Quelqu'un le lui a dit. Mais l'histoire ne s'arrête pas là. L'enquête du détective a aussi révélé que Hunt avait eu une liaison avec Brigitte pendant trois ans. Il a rompu avec elle quand il a commencé à fréquenter cette autre femme, de sorte que tu as raison de penser que Brigitte lui en voulait. En attendant, si on fait le compte, cela veut dire que Hunt m'a trompée tout le temps de notre vie de couple. Brigitte prétend qu'il l'a forcée, lui affirme que c'est le contraire... La vérité, c'est qu'ils avaient une liaison dans mon dos. Hunt est peut-être adorable, mais c'est un coureur. Je ne pouvais pas rester avec lui.

— Bien sûr que non, maman. Je comprends, murmura Maxine.

Elle s'essuya les yeux et étreignit sa mère.

— C'est tellement triste. Comment a-t-il pu te faire ça ? Et Brigitte ? Elle est ton amie depuis si longtemps.

— Oui, je sais. J'ai été très abattue pendant quelque temps, mais ça va mieux maintenant. Et ce n'est pas tout. Il y a cette histoire d'argent. Comme ils m'avaient menti tous les deux et que je ne savais pas qui croire, mon détective privé m'a conseillé de prendre contact avec un agent du FBI. L'enquête a démontré que Brigitte m'escroque depuis plusieurs années. Elle m'a menti sur tout son passé. Tout.

Maxine la regarda, sous le choc.

— Oh ! Maman, c'est affreux !

— Oui.

— Va-t-elle te rendre l'argent ?

Pour Maxine, cela semblait une évidence. Si l'assistante de sa mère avait volé de l'argent, elle devait le rendre. Tallie aurait aimé que ce fût aussi simple, mais elle ne se faisait guère d'illusions.

— Je ne sais pas encore. Elle va être arrêtée la semaine prochaine. Il y aura un procès, dans un an environ, et je vais la poursuivre en justice pour essayer de récupérer mon argent, ou sa maison, ou quelque chose. Et elle sera certainement condamnée à une peine de prison.

Abasourdie, Maxine garda le silence. Ainsi, la femme qu'elle considérait comme sa tante était une voleuse doublée d'une menteuse, et l'homme qui avait fait figure de père dans sa vie trompait sa mère depuis le début.

— Tu as renvoyé Brigitte ? souffla-t-elle.

— Mon avocat s'en occupe cette semaine. C'est une formalité.

Tallie ne voulait pas inquiéter sa fille davantage en lui donnant trop de détails juridiques.

— Tu te souviens quand elle se vantait de recevoir tous ces cadeaux, des bijoux, des fourrures, des sacs de chez Prada, etc. ? En réalité, elle les achetait avec mon argent ! Voilà les nouvelles de la maison, ma chérie. Mais à part ça, madame la marquise, tout va très bien, tout va très bien.

Elle tentait d'alléger l'atmosphère en plaisantant, mais Maxine était aussi bouleversée qu'elle-même l'avait été des semaines durant.

— Mon Dieu, maman. Comment as-tu fait pour tenir le coup ? Ça a dû être horrible pour toi.

— Cela n'a pas été facile.

— Pourquoi ne m'as-tu rien dit ? insista Maxine en la serrant plus fort. Tu aurais dû m'en parler au lieu d'affronter ça toute seule.

— C'était trop grave pour que je te raconte cela au téléphone. Je voulais attendre de te voir. Il y a plus plaisant à entendre.

— Brigitte va vraiment aller en prison ?

La jeune fille avait du mal à y croire.

— D'après le FBI, oui.

— Je parie qu'elle va avoir un choc quand on viendra l'arrêter. Elle sait ce qui l'attend ?

— Pas encore. Mais j'imagine que tout va aller assez vite maintenant.

— Tu es toujours en relation avec Hunt ? murmura Maxine.

— Non. Nous communiquons par avocats interposés au sujet de nos affaires. C'est tout. Personnellement, je n'ai plus rien à lui dire.

— Pourrai-je lui parler ?

— Si tu le souhaites.

Tallie ne voulait pas obliger sa fille à couper les ponts avec Hunt. Au minimum, Maxine avait besoin de faire son deuil, voire de rester en contact. Tallie ne tenterait rien pour l'en empêcher. Sa fille avait dix-huit ans et le droit d'agir à sa guise, dans les limites du raisonnable.

— C'est à toi d'en décider, reprit-elle. Mais si tu le revois, ne l'invite pas à la maison.

— Je ne te ferais pas ça, maman, répondit Maxine gravement. Je veux seulement lui dire ce que je pense de la manière dont il t'a traitée. C'est une honte. C'est un effroyable menteur, et Brigitte aussi. Mais qu'il ait eu une liaison avec ta meilleure amie, c'est encore pire que de te voler.

Tallie partageait ce point de vue. Le vol était malhonnête mais impersonnel. Cet adultère, en revanche, lui avait fait l'effet d'un coup de poignard en plein cœur. Elle ne pouvait supporter de penser à eux. Leur conduite était la définition même de la trahison.

— Parlons d'autre chose, tu veux ? C'est fantastique d'être ici et je suis vraiment contente de te voir. Désolée de t'avoir infligé cette affreuse histoire en arrivant.

— Je ne sais pas quoi te dire, maman. C'est terrible. Tu crois que tu pourras fréquenter un autre homme un jour, après une déception pareille ?

— Pas dans l'immédiat, c'est certain, déclara Tallie d'un ton ferme. C'est la dernière chose au monde dont j'ai envie en ce moment.

— Grand-père est au courant ?

— Oui. Il a été de très bon conseil, comme toujours.

— Comment va-t-il ?

— Comme ci, comme ça. En ce moment, il n'est guère en forme. Mais cela lui est déjà arrivé d'avoir une baisse de régime, et puis il se remet.

— Je vais venir à Los Angeles avant la session estivale et je pourrai lui tenir compagnie.

Etudiante brillante et motivée, Maxine tenait à achever ses études de premier cycle le plus vite possible et à faire sa spécialisation en droit dans la foulée, si bien qu'elle avait décidé de suivre des cours tout l'été. Tallie et Sam étaient très fiers d'elle, à juste titre.

— Quand termines-tu ton film, maman ?

— J'ai encore quelques semaines de tournage en rentrant. Ensuite, ce sera la postproduction, et tout sera dans la boîte. Nous pourrons aller quelque part quand tes cours d'été seront finis. Je vais prendre des vacances. J'en ai besoin.

Et puisqu'elle n'allait pas diriger le prochain film de Hunt, elle voulait se donner le temps de choisir un projet qui lui plairait. Les bons producteurs ne manquaient pas. Elle n'aurait aucun mal à en trouver un.

Elles restèrent étendues l'une près de l'autre un moment, tandis que Maxine s'efforçait d'assimiler tout ce que sa mère lui avait raconté. Elle avait du mal à y croire. C'étaient vraiment des nouvelles sidérantes.

— Hunt est un pauvre type, déclara-t-elle. Et Brigitte, une crapule.

— C'est vrai. Ce sont de tristes individus. Totalement dénués de moralité, de principes, d'honnêteté, d'intégrité.

— Tu es contente qu'elle aille en prison ?

— Oui, je suis contente. Ce n'est pas très généreux de ma part, je sais, mais je pense qu'on doit être puni quand on a commis des actes répréhensibles, de même qu'on doit être dédommagé quand on a été victime.

— Tu crois qu'elle va te rembourser ?

— Je l'ignore. En général, on ne récupère pas grand-chose dans ces affaires-là.

— Espérons que ce sera différent pour toi, maman.

Touchée, Tallie sentit les larmes lui monter aux yeux et s'empressa de changer de sujet.

— Que veux-tu faire ce soir ?

Maxine suggéra qu'elles aillent dîner dans un petit restaurant du quartier, ce qui convenait parfaitement à Tallie. Après ces longs mois de travail et cette série de déboires, elle avait envie de sortir et de savourer la compagnie de sa fille.

Elles mangèrent un hamburger-frites puis rentrèrent à pied, profitant de la température clémente de cette soirée de printemps. New York était magnifique à cette époque de l'année. Mais Maxine ne pouvait s'empêcher d'avoir le vertige en songeant à la trahison subie par sa mère.

15

Le lendemain matin, Maxine et Tallie prirent leur petit déjeuner au Café Cluny, tout près de l'appartement. Tallie commanda des œufs Bénédicte, Maxine préféra des œufs brouillés. Elles bavardèrent un long moment. Tallie prenait plaisir à écouter Maxine lui raconter sa vie new-yorkaise. Le petit ami mentionné quelques semaines plus tôt semblait avoir disparu de l'horizon. Max se consacrait à ses études, et sortait avec ses amies quand elle avait du temps libre. Justement, elle voulait présenter sa mère à quatre d'entre elles ce soir-là.

Tallie invita le petit groupe à dîner chez Da Silvano, un de ses restaurants préférés, qui servait des spécialités italiennes. On les installa à une table en terrasse, d'où elles purent profiter de l'ambiance animée de la rue.

Le reste de la semaine fila à toute allure. Elles flânèrent dans SoHo et Chelsea, visitèrent des galeries d'art, firent du shopping, allèrent au musée d'Art moderne, se promenèrent dans Central Park, où elles écoutèrent un *steel band* – ces groupes de musique qui utilisent des bidons métalliques comme instruments. Et elles prirent des places pour assister à une pièce à Broadway. En bref, elles firent tout ce qu'elles aimaient faire à New York.

Tallie se doutait bien qu'il était trop tôt pour que Jim Kingston soit déjà en possession du mandat d'arrêt du juge, mais elle ne pouvait s'empêcher de vérifier régulièrement son téléphone portable, espérant y trouver un message lui annonçant l'arrestation de Brigitte. Elle aurait préféré que celle-ci ait lieu en son absence.

Le dimanche soir, elle se prépara à retourner à Los Angeles. Maxine et elle avaient passé une semaine fantastique, mais le travail l'attendait.

Elle serra étroitement sa fille dans ses bras et la remercia d'avoir été si compréhensive.

— C'est normal, maman. Et la prochaine fois que tout part en vrille, n'attends pas si longtemps pour me le dire !

Maxine avait envoyé un e-mail à Hunt. Elle ne prenait pas de gants pour lui dire à quel point elle était déçue par sa conduite, ajoutant qu'elle ne voulait plus jamais le revoir. Elle l'avait montré à Tallie, qui avait été émue par son soutien.

D'une certaine manière, le chagrin qu'elles avaient partagé les avait rapprochées.

De retour à Los Angeles, Tallie mit les bouchées doubles afin de terminer le tournage dans les temps. L'équipe se plaignait des longues journées qu'elle imposait, d'autant plus que la canicule sévissait.

A sa grande surprise, elle n'avait rien reçu de Brigitte après la lettre envoyée par Greg Thomas lui signifiant son congé. Ni SMS, ni e-mail, ni courrier.

Pas un mot d'excuse, de regret ou de tristesse pour les dix-sept années d'amitié qui s'étaient envolées en fumée. Rien que le silence. Le père de Tallie n'en fut guère étonné.

— Je doute que les individus dans son genre éprouvent jamais des remords. Je crois que leur personnalité leur permet de mentir et de voler sans ressentir aucune empathie pour leurs victimes. Ils tournent la page et continuent.

Tallie avait été soulagée de retrouver son père en meilleure santé qu'à son départ pour New York. Il avait retrouvé un peu de son dynamisme d'antan.

— Tu as probablement raison, papa, répondit-elle, désabusée.

Elle n'avait jamais vu les choses ainsi, mais elle comprenait ce que son père voulait dire. Lorsque quelqu'un agit mal, cela peut s'expliquer par le fait qu'il ne connaît pas la honte. Et donc il n'y avait pas de raison qu'il l'éprouve davantage après ses méfaits que pendant.

Elle lui raconta ensuite son séjour à New York. Sam était avide d'avoir des nouvelles fraîches de sa petite-fille, même si celle-ci l'appelait régulièrement.

Une autre semaine s'écoula avant que Jim Kingston ne laisse enfin un message sur le téléphone de Tallie. Elle le rappela dès qu'elle eut un moment de libre.

— Il y a du nouveau ? demanda-t-elle, anxieuse.

— Oui, répondit-il d'un ton posé. Jack et moi avons arrêté Brigitte Parker cet après-midi. Elle va passer la nuit en détention et sera présentée au juge demain.

Après avoir attendu ce dénouement pendant des mois, Tallie sentit son cœur bondir de joie et de soulagement. Elle se réprimanda intérieurement de réagir ainsi, avec une telle excitation, mais elle avait hâte de mettre cette affaire derrière elle.

— Comment cela s'est-il passé ? Elle était affolée ?

— Non, pas du tout. Elle était dans une colère noire.

Il ne semblait pas surpris, contrairement à Tallie, qui avait escompté une tout autre réaction. Elle avait imaginé que Brigitte serait effrayée, en larmes, voire hystérique.

— Pensez-vous qu'elle se doutait de quelque chose ?

— Non. Elle était persuadée de s'en être tirée. Je pense d'ailleurs qu'elle en est toujours convaincue. Elle se croit très intelligente.

— Le juge va-t-il la garder en prison, d'après vous ?

— Non. Elle sera libre demain, sous caution ou sur parole.

Elle allait plaider non coupable, bien entendu. Même si elle se ravisait par la suite afin de négocier une éventuelle réduction de peine. Personne ne plaidait jamais coupable au début.

— Vous avez bien profité de New York ?

— Oui. J'ai passé de très bons moments avec ma fille, répondit-elle d'un ton enjoué.

— Comment a-t-elle pris toutes ces nouvelles ?

— Elle a été choquée, très déçue. Elle avait beaucoup d'affection pour Hunt et pour Brigitte, qu'elle connaît depuis sa naissance ou presque. Elle ne voulait pas y croire. Et puis, nous avons cessé d'y penser et nous nous sommes bien amusées.

— Tant mieux. Vous le méritez. Je vous rappellerai demain pour vous dire ce qu'il en est.

A présent, le sort de Brigitte se trouvait entre les mains de la justice. Le procureur constituerait un dossier en prévision du procès et, le moment venu, elle-même serait citée comme témoin et comme victime. Tel était son rôle officiel dans cette sordide affaire.

Comme promis, Jim lui téléphona le lendemain après-midi et l'informa que Brigitte avait donné l'acte de propriété de sa maison en guise de caution. Elle était donc libre.

— Soyez tout de même prudente, conseilla-t-il. Il est peu probable qu'elle recherche une confrontation, mais on ne sait jamais.

— Je ferai attention. Comment s'est-elle comportée au tribunal ?

— Elle a été hautaine, arrogante et impolie.

Tallie en resta sans voix.

— Cela arrive souvent, reprit Jim. Mais je dois dire qu'elle se distingue dans la muflerie : elle a laissé entendre que toute l'affaire était un dérangement inacceptable et elle a parlé au juge comme à un enfant.

— Comment a-t-il réagi ? demanda Tallie, fascinée.

— Il est resté de marbre. Il a l'habitude. Mlle Parker n'a visiblement pas compris qu'elle n'allait pas se tirer d'affaire. Elle pense tout contrôler. Elle n'arrêtait pas de répéter : « Vous savez qui je suis ? »

217

Tallie ne put s'empêcher de rire. Brigitte se prenait pour une célébrité et se comportait en star imbue de sa personne et sûre de ses droits.

— Elle est inculpée d'escroquerie, d'abus de confiance et de fraude fiscale, reprit Jim. Elle est très mal partie, mais elle n'a pas l'air de s'en rendre compte. Elle fera moins la fière quand elle se retrouvera en prison.

Tallie cette fois ne put réprimer un frisson. Elle ne pouvait imaginer son assistante dans un environnement carcéral.

— La presse va sûrement s'emparer de l'affaire, l'avertit Jim. Vous êtes citée comme victime. Les journalistes vont vous téléphoner dès que cela se saura.

— Je n'ai rien à leur dire.

— Ça ne les empêchera pas de vous appeler.

— Heureusement que Maxine n'est pas là, soupira Tallie.

Elle lui téléphona le soir même, néanmoins, afin de la tenir au courant. Elle ne voulait plus avoir de secrets pour sa fille.

Le lendemain matin, Tallie se rendit compte qu'elle n'entendrait sans doute plus parler de rien avant des mois. Il fallait une éternité pour que les affaires criminelles soient jugées. Son avocat quant à lui préparait déjà la procédure civile, mais celle-ci non plus ne serait pas portée devant le tribunal avant au moins un an. Tout était si lent. Quelle frustration ! Elle s'en plaignit à son père, qui lui fit remarquer que la justice devait prendre son temps pour bien fonctionner. Elle n'y pourrait rien changer, si irritée ou impatiente fût-elle.

Par ailleurs, Tallie ne s'était pas encore décidée à engager une nouvelle assistante. Son expérience avec Brigitte l'avait à ce point échaudée qu'elle ne pouvait s'y résoudre. Sa charge de travail s'en trouvait accrue, mais elle s'en accommodait.

Le samedi matin, elle triait des factures dans la cuisine quand son téléphone portable se mit à sonner. Elle répondit sans prendre la peine de vérifier le numéro qui s'affichait à l'écran, et eut le souffle coupé en reconnaissant la voix familière de Brigitte. Celle-ci se montra froide et alla droit au but.

— Je veux passer prendre des affaires que j'ai laissées chez toi, dit-elle sans préambule, n'offrant ni excuse ni explication pour sa conduite.

— Il n'y a rien ici qui t'appartienne, rétorqua Tallie, s'efforçant de rester calme.

Son cœur cognait dans sa poitrine.

— Si, j'ai un porte-documents plein de papiers dans le placard du couloir.

— Je te l'enverrai, répondit Tallie avec fermeté.

— Je le veux tout de suite !

La voix de Brigitte devenait de plus en plus aiguë. Tallie se souvint de la mise en garde de Jim.

— Je ne suis pas chez moi, prétendit-elle.

— Si. Je suis juste devant ta porte.

Un adjectif s'imposa dans l'esprit de Tallie : diabolique. Heureusement, Brigitte ne pouvait pas entrer. Greg Thomas avait tenu parole et fait changer les serrures de la maison pendant qu'elle se trouvait à New York, ce dont Tallie se félicitait à présent.

— Ça ne te servira à rien. Je ne t'ouvrirai pas. De toute façon, je ne suis pas seule, ajouta-t-elle pour faire bonne mesure.

Brigitte éclata d'un rire dédaigneux.

— Ma pauvre, comme si j'allais te croire ! Tu es toujours seule et tu le seras toujours. Tu es pitoyable. Hunt ne t'aimait pas. Tu le sais, n'est-ce pas ? C'est moi qu'il aimait. Il avait besoin de toi pour les films, c'est tout. Il me l'a dit des tas de fois.

Ses paroles transpercèrent Tallie en plein cœur, même si elle savait que Brigitte cherchait à se venger et lui faisait mal à dessein.

— Il ne t'aimait pas plus que moi, riposta Tallie à voix basse. Il aime Angela, avec qui il va avoir un enfant.

— Ce n'est pas vrai ! s'emporta Brigitte, furieuse.

Tallie se demanda si elle était vraiment devant chez elle, mais se refusa à aller vérifier.

— Elle l'a piégé, cette petite pute. Et elle nous a baisées aussi. Elle est tombée enceinte exprès. Elle est beaucoup plus futée que nous deux.

— Peut-être.

Brusquement, Tallie n'y tint plus. Il fallait qu'elle dise ce qu'elle avait sur le cœur.

— Comment as-tu pu me faire ça, Brigitte ? Après toutes ces années ? Comment as-tu pu me regarder en face chaque jour, et te regarder, toi, dans la glace ?

— Oh ! Je t'en prie, ne me fais pas rire. Epargne-moi tes leçons de morale ! Tu t'es vue ? Tu te balades vêtue de haillons. Quel homme voudrait d'une femme qui a une allure pareille ? J'ai dû te traîner avec moi à longueur de temps, te conduire partout comme si tu étais une invalide. Et Hunt t'apportait son argent et sa notoriété. Sans nous, tu ne serais rien. Et toi qui crois que tu fais « de grands films ». Si je n'étais pas là, personne ne saurait seulement qui tu es. La plupart du temps, les gens me prennent pour toi. Si on te connaît dans cette ville, c'est grâce au travail de relations publiques que j'ai accompli pour toi, et parce que moi j'ai l'allure d'une star. Tu n'es rien, Tallie. Hunt se moquait de toi tout le temps. On rigolait bien au lit tous les deux.

Tallie en avait assez entendu. Elle savait que Brigitte mentait et que sa cruauté gratuite était le fruit d'un esprit dérangé. Néanmoins, elle était prise de vertige sous l'effet de cet assaut.

— Tu te rends compte que c'est sa faute, n'est-ce pas ? reprit Brigitte d'une voix frémissante. S'il n'était pas parti avec cette petite pute, je serais encore avec lui et tu ne saurais rien du tout. Bienheureux les imbéciles... n'est-ce pas ? Et s'il ne t'avait pas avoué que nous avions une liaison, je continuerais à m'occuper de tout pour toi.

Et à m'escroquer, compléta Tallie intérieurement.

— Il ne m'a rien dit, rétorqua-t-elle.

— Si, forcément. Personne n'était au courant.

— On me l'a rapporté pourtant. Vous n'étiez pas aussi discrets que vous le pensiez.

— Je ne te crois pas.

— Eh bien, pourtant c'est vrai. Laisse tomber, Brigitte. Peu importe maintenant. Ça ne changera rien pour aucun d'entre nous. Tout est fini.

— Tout est sa faute, répéta son assistante.

A l'évidence, elle aurait voulu lui faire partager sa rancune envers Hunt. C'était vrai qu'elle avait tout perdu dans l'histoire : son amant et la possibilité de mener une vie de luxe aux frais de Tallie. Mais celle-ci n'allait pas entrer dans son jeu. A présent, elle était moins en colère que profondément blessée. Et elle se refusait à gâcher le reste de sa vie à cause d'eux. Elle n'avait plus qu'une envie : mettre toute cette affaire derrière elle. Et Brigitte à la place qu'elle méritait : en prison.

— Il s'imagine qu'il va témoigner contre moi, hein ? poursuivit celle-ci d'une voix altérée. Quel salaud ! Ça me met en rage de penser que, s'il ne s'était pas mis à coucher avec cette fille, tu n'aurais rien su du tout !

— Si. L'audit a été la goutte d'eau. A partir de ce moment-là, tu étais fichue. Il était inévitable que tout sorte au grand jour, tôt ou tard.

— Tout est la faute de Hunt, insista Brigitte.

Visiblement, elle ne pouvait digérer le fait qu'elle s'était fait prendre. Tallie était lasse de continuer cette discussion qui ne menait nulle part.

— Je t'enverrai le porte-documents.

— Je n'en veux pas, tu peux le jeter.

Sur quoi, elle lui raccrocha au nez. Tallie fixa l'appareil, tremblante. Brigitte n'avait exprimé aucun remords. Pire, elle l'avait insultée sans vergogne.

Tallie envisagea de téléphoner à Jim, avant de se raviser. Cela ne se faisait pas de déranger un agent du FBI durant le week-end. Elle songea aussi à avertir Hunt que Brigitte était sur le sentier de la guerre, mais après réflexion elle se dit que, puisqu'il avait eu une liaison avec Brigitte, il devait être capable de se débrouiller avec elle. Qu'il prenne ses responsabilités, pour une fois. Ce n'était pas à elle de le protéger.

Le téléphone sonna alors qu'elle était plongée dans ses pensées. C'était Maxine.

— Qu'est-ce qui ne va pas ? Tu as une drôle de voix, maman.

— Eh bien… je viens d'avoir un appel de Brigitte. Elle était plutôt énervée et elle prétendait être devant la maison. Ce n'était sûrement pas vrai, mais elle m'a fait un peu peur. De toute manière, je vais rester ici cet après-midi ; j'ai du travail. Enfin, j'ai le pressentiment que le temps va me sembler très long jusqu'au procès, ajouta-t-elle, abattue.

Après avoir raccroché, Tallie se souvint du portedocuments mentionné par Brigitte et le trouva en effet dans le placard du couloir. Il contenait quelques paperasses, divers articles portant sur la décoration d'intérieur, une facture médicale et deux revues. Rien qui justifiât que Brigitte l'exige sur-le-champ. C'était seulement un prétexte qu'elle avait pris pour s'introduire dans sa maison et lui faire des reproches ou même l'agresser. Par acquit de conscience, Tallie vérifia que toutes les portes étaient verrouillées, puis jeta un coup d'œil par la fenêtre. Personne en vue.

Elle brancha l'alarme, ramassa son courrier et s'enferma à clé dans sa chambre. Allongée sur son lit, elle passa l'après-midi à trier ses factures. Elle venait de terminer quand Jim Kingston l'appela.

— Ça va ? s'enquit-il d'une voix tendue.

— Oui. Enfin… j'ai reçu un appel très désagréable de Brigitte aujourd'hui. Elle était hystérique et elle voulait entrer chez moi. A vrai dire, je suis enfermée dans ma chambre et j'ai branché l'alarme, mais elle n'a pas rappelé. J'espère seulement qu'elle ne va pas me harceler jusqu'au procès.

— Cela n'arrivera pas, dit-il fermement avant d'ajouter : J'arrive. Je suis déjà en route.

— Vous êtes en route ? Ce n'est pas nécessaire, je vous assure.

— N'ouvrez à personne. Je serai là dans cinq minutes.

Cinq minutes plus tard en effet, la sonnette de la porte d'entrée retentit. Elle sortit de la chambre, désactiva l'alarme et se hâta d'aller ouvrir. En voyant sa mine grave, elle devina aussitôt qu'il s'était passé quelque chose d'affreux.

— Brigitte vient de tuer Hunt, lâcha Jim. Elle est allée à l'appartement d'Angela Morissey et a tiré sur lui. Il a reçu une balle en pleine poitrine. Elle lui a dit que jamais il ne témoignerait contre elle et puis elle a fait feu.

Tallie pâlit sous le choc. Prise de vertige, elle se rattrapa au bras de Jim pour ne pas tomber.

— Et Angela et son petit garçon ?

— Ils sont indemnes.

Hunt était mort, c'était à peine croyable. Hunt, qui lui avait menti et l'avait trompée. Qui, d'après Brigitte, ne l'avait jamais aimée. Qui allait avoir un bébé avec une autre femme. Peu importait désormais. Il était mort. Tallie comprit subitement qu'elle avait eu une chance inouïe que Brigitte ne s'en prenne pas à elle aussi. Leurs années d'amitié y étaient-elles pour quelque chose ? Etait-ce pour cette raison qu'elle avait été épargnée ? Ou Brigitte était-elle tout simplement plus furieuse contre Hunt à cause d'Angela ?

— Où est-elle ?

— Elle a été arrêtée. Elle était rentrée chez elle et faisait sa valise quand la police est arrivée. Elle est en prison ; elle n'en sortira plus avant le procès.

Et maintenant, elle allait être jugée pour meurtre. Sa vie était vraiment finie. Encore abasourdie, Tallie songea soudain qu'elle devait téléphoner à Maxine avant que celle-ci apprenne l'événement au journal télévisé. Affolée, elle se précipita au premier étage pour attraper son téléphone. Jim la suivit et resta auprès d'elle, lui apportant un soutien silencieux tandis qu'elle s'asseyait sur le lit pour appeler sa fille. Celle-ci répondit aussitôt.

— Tu vas bien, maman ?

— Oui. Je voulais t'annoncer quelque chose avant que tu l'apprennes par les médias. Une nouvelle terrible : Brigitte vient de tuer Hunt. Une balle en pleine poitrine.

— Quoi ! Mon Dieu, maman ! Elle aurait pu s'en prendre à toi aussi !

— Elle ne l'a pas fait, ma chérie. Ne t'inquiète pas, elle ne fera plus de mal à personne. Elle est en prison à l'heure qu'il est. C'est terrible de penser que ce pauvre Hunt est mort. Il ne méritait pas ça, malgré ses défauts.

— A-t-elle blessé quelqu'un d'autre ?

— Non, heureusement.

Tout en parlant, Tallie s'empara de la télécommande et alluma la télévision. Le visage de Hunt apparut à l'écran, puis l'appartement où il vivait avec Angela. Celle-ci était visible à l'arrière-plan, avec son

225

gros ventre, en larmes. Des voitures de police étaient garées tout autour de l'immeuble. Une photo de Brigitte en robe du soir fut diffusée, prise lors d'une réception à Hollywood ; elle était superbe. Tallie entendit mentionner son propre nom.

Maxine et elle parlèrent encore un peu, puis Tallie téléphona à son père, qui venait de voir le bulletin d'informations et était tout aussi choqué qu'elle. Elle promit de le rappeler plus tard, après le départ de Jim Kingston.

— Je n'arrive pas à le croire, dit-elle en se tournant vers lui. Que va-t-il se passer maintenant ?

— Elle devra plaider coupable ou invoquer un accès de folie. Quoi qu'il arrive, elle est fichue. Elle va être enfermée pendant un bon moment. Elle est plus folle que je ne le croyais.

Son téléphone sonna. C'était son collègue, Jack Sprague.

— Oui, je sais. Je suis en train de regarder les informations. On m'a averti tout de suite. Je suis chez Tallie Jones. Brigitte Parker est venue ici d'abord, mais heureusement Tallie ne l'a pas laissée entrer. Oui, oui. Je sais. Bon, à plus tard.

Il coupa la communication et regarda Tallie dans les yeux.

— Comment vous sentez-vous ?

— Effrayée. Sous le choc. Et je m'en veux : après le coup de téléphone de Brigitte, j'ai été tentée d'appeler Hunt pour le prévenir qu'elle était remontée contre lui, mais je me suis dit que ça ne me regardait pas, alors je n'ai rien fait.

Ses yeux s'emplirent de larmes.

— J'aurais dû. Peut-être qu'il serait encore en vie…

— Vous savez, Tallie, si elle était décidée à l'abattre, elle y serait arrivée un jour ou l'autre.

— Elle ne voulait pas qu'il témoigne contre elle. C'est ce qu'elle m'a dit.

— Vous a-t-elle dit qu'elle allait avoir sa peau, le tuer, ou quoi que ce soit de ce genre ?

Jim avait repris machinalement son rôle d'agent du FBI et elle secoua la tête.

— Non, mais elle était agitée. Elle n'arrêtait pas de répéter que c'était la faute de Hunt.

— Mais elle vous a semblé saine d'esprit ?

— Plus ou moins. Elle était très énervée contre moi aussi. Je ne savais même pas si elle était réellement à la porte ou si elle prétendait ça juste pour me faire peur.

— Qu'est-ce qu'elle voulait ?

— Un porte-documents qu'elle avait laissé ici ; j'ai répondu que je le lui enverrais. Elle m'a insultée, elle m'a dit des choses horribles, et puis elle a raccroché.

Ils redescendirent dans la cuisine et Jim lui prépara un thé. Il ouvrit le réfrigérateur pour prendre du lait et sourit.

— Ça vous arrive d'acheter à manger ?

— Pas souvent, répondit-elle en lui rendant son sourire. Je n'ai rien d'une ménagère accomplie. Ce n'est pas mon truc.

— Apparemment. Mais vous mangez quand même de temps en temps ?

— Oui. De temps en temps. En fait, non. Pas beaucoup en ce moment.

Jim n'en fut pas étonné. Elle semblait encore plus mince qu'avant.

— Je n'arrive pas à croire que Hunt soit mort, soupira-t-elle, accablée. Si seulement je l'avais appelé…

— Arrêtez de vous faire des reproches. Elle voulait le tuer et elle l'aurait fait de toute façon. Vous n'auriez pas pu l'en empêcher.

Tallie hocha la tête, s'efforçant de se ressaisir, mais elle n'y parvint pas et éclata en sanglots. Elle avait l'impression de vivre un cauchemar sans fin.

Jim resta une heure avec elle, à tenter de la réconforter. Puis, sachant qu'elle n'était plus en danger, il se leva pour partir. Quand il ouvrit la porte d'entrée, des camionnettes de télévision étaient garées devant la maison. Quatre. Et une horde de photographes se bousculaient au portail. Le siège avait commencé. Il referma le battant.

— Les journalistes sont là. Fermez la porte à clé et tirez les rideaux. Ne sortez pas. Ne leur adressez pas la parole, sauf évidemment si vous le souhaitez.

Elle secoua la tête, horrifiée.

— Je vous rapporterai quelque chose à manger tout à l'heure, je m'en voudrais de vous laisser mourir de faim, ajouta-t-il, pince-sans-rire. Avez-vous un endroit où vous pourriez passer quelques jours ?

— Je pourrais m'installer chez mon père, mais je préférerais rester ici.

— Dans ce cas, ne vous montrez pas.

A cet instant, le téléphone se mit à sonner. Jim le débrancha. Les proches de Tallie devraient prendre l'habitude de l'appeler sur son portable.

— Ça ne va pas durer longtemps, ne vous inquiétez pas.

Elle acquiesça, espérant qu'il avait raison. Il sortit et se dirigea d'un pas déterminé vers le troupeau de reporters, tenant en l'air sa plaque pour qu'ils puissent tous la voir.

— Mlle Jones ne souhaite faire aucune déclaration. Elle est au courant des tragiques événements de cet après-midi et présente ses condoléances sincères à la famille de la victime. Elle n'a aucunement l'intention de vous parler, aussi est-il inutile de perdre votre temps ici.

Ils parurent déçus, mais personne ne fit mine de bouger. Jim les dépassa, monta dans sa voiture et démarra.

Cloîtrée, Tallie assista à la scène par bulletins d'infos interposés. Malgré l'intervention de Jim, les journalistes ne semblaient guère enclins à quitter les lieux. Son père l'appela sur son portable. Après l'avoir rassuré, elle passa la soirée à regarder la télévision. A vingt et une heures, Jim revint muni de hamburgers et d'un assortiment de plats mexicains. Une foule de journalistes campaient toujours dehors, espérant apercevoir Tallie. A plusieurs reprises, on avait dit à la télévision qu'elle avait vécu avec Hunter Lloyd pendant quatre années. On avait aussi diffusé des images d'Angela en pleurs, avec un commentaire expliquant qu'elle attendait un enfant de lui. Enfin, il y avait eu un bref reportage sur l'arrestation de Brigitte. Tête baissée, en route pour la prison, elle était méconnaissable, à des années-lumière de la femme élégante et sophistiquée que tout le monde avait en mémoire. Juste après, Tallie vit une photo d'elle-même prise lors d'un tournage et se mit à rire. Elle avait l'air d'une naufragée.

— On ne peut pas dire que j'aie le profil d'une star, gloussa-t-elle alors que Jim déballait les plats.

Il avait même apporté des canettes de bière et de Coca.

— Si. C'est justement ce qu'elle détestait chez vous. Elle avait beau vous escroquer tout son saoul, elle n'avait ni votre talent, ni votre beauté, ni les qualités qui font de vous ce que vous êtes. L'habit ne fait pas le moine, conclut-il en souriant.

Tallie ne put s'empêcher d'être flattée.

— Je suppose que ça ne me ferait pas de mal de me coiffer de temps en temps, répliqua-t-elle, penaude.

— Personne ne vous reconnaîtrait plus ! Mais ce serait peut-être un bon déguisement.

Ils éclatèrent de rire tous les deux. Puis s'assirent pour dîner. A mesure qu'elle mangeait, Tallie se rendait compte qu'elle mourait de faim. Elle se demandait ce qu'elle aurait fait sans la délicate attention de Jim quand le portable de celui-ci sonna : c'était son fils ; il voulait savoir quand il rentrerait.

— Je suis désolée de gâcher votre samedi soir, s'excusa-t-elle lorsqu'il eut raccroché.

— Vous ne gâchez rien du tout, Tallie. Si je n'étais pas venu, j'aurais mangé de la pizza et bu du soda avec une bande d'adolescents. Je préfère être ici !

Elle le regarda avec reconnaissance, touchée.

— Merci. C'était délicieux.

Elle se sentait maintenant beaucoup mieux, après avoir englouti un hamburger au fromage, un taco et bu deux Coca.

Vers vingt-deux heures, les informations télévisées annoncèrent que les obsèques se dérouleraient dans l'intimité, à la fin de la semaine. Tallie ne souhaitait pas s'y rendre. Ce serait hypocrite de sa part. Elle n'avait pas sa place au cimetière. Elle préférait se souvenir des bons moments passés avec lui, même si, après la manière dont il s'était conduit, ils avaient perdu une bonne partie de leur valeur.

— Ça va aller cette nuit ? demanda Jim avec sollicitude.

Tallie hocha la tête. Bien sûr, les journalistes ne semblaient guère prêts à déménager. Sans doute allaient-ils s'incruster jusqu'aux funérailles, mais peu importait. De toute façon, elle n'irait nulle part. Elle prit conscience brusquement qu'elle était en train d'achever le dernier film produit par Hunter Lloyd. Elle se promit de faire de son mieux, afin qu'il soit un hommage approprié à sa mémoire. Elle ne pouvait rien faire d'autre pour lui.

Jim et elle parlèrent encore un peu, après quoi il s'en alla, promettant de revenir le lendemain matin. Tallie verrouilla la porte derrière lui et passa une bonne partie de la nuit à regarder la télévision dans sa chambre. Elle éprouvait une compassion sincère pour Angela, dont le bébé n'aurait pas de père. Les chaînes locales diffusaient en boucle des bulletins d'actualité et des commentaires concernant la tragédie. On mentionna plusieurs fois son nom, celui d'Angela et celui de Brigitte. Une source anonyme au Sunset Marquis avait révélé que Hunt avait eu une liaison avec celle-ci pendant plusieurs années. Fort de cette information, le reporter s'interrogeait sur les raisons du geste de Brigitte, évoquant une possible querelle amoureuse ou un triangle amoureux qui avait mal tourné.

Le lendemain matin, Tallie était tout juste habillée quand Jim sonna à la porte. Pour une fois, elle avait fait un effort vestimentaire : elle portait un jean dépourvu de trous et ses cheveux étaient rassemblés en queue-de-cheval. Jim lui trouva meilleure mine. Il était passé dans un fast-food avant de venir, et ils petit-déjeunèrent ensemble.

— La semaine va être longue, déclara-t-elle en désignant les reporters agglutinés devant chez elle.

— Ils vont finir par se lasser. Dès qu'un autre fait divers se produira, ils disparaîtront.

— Eh bien, en voilà une pensée réconfortante !

Du moins ne serait-elle pas la prochaine victime. Avec le recul, elle comprenait qu'elle avait frôlé la mort la veille. Qui pouvait savoir ce qui se serait passé si elle avait laissé entrer Brigitte ?

Le soir, Jim reparut avec d'autres provisions, mais annonça qu'il ne pouvait rester dîner.

— J'ignorais que le FBI offrait un service de restauration à domicile, plaisanta-t-elle.

— Mais si, bien sûr, répondit-il en souriant. Notre formation inclut des cours de cuisine. Je serais ravi de vous préparer à dîner un soir.

— Merci, Jim. Ç'aurait été un week-end affreux sans vous.

Grâce à lui, elle avait mieux surmonté le choc épouvantable que lui avait causé la mort brutale de

Hunt. Elle se reprochait toujours de ne pas lui avoir téléphoné, et elle regrettait que leur relation se soit terminée de manière aussi abrupte.

Le lundi matin, les journalistes avaient enfin renoncé et levé le camp. Ils revinrent le jour des obsèques, mais elle s'était réfugiée chez son père. Sam et elle parlèrent de Hunt. Elle préférait évoquer son souvenir avec lui plutôt que de se recueillir devant une tombe. Ils eurent aussi plusieurs conversations avec Max. Tallie ne rentra chez elle que tard dans la soirée. Le lendemain, elle reçut au courrier une lettre d'Angela Morissey, à qui elle avait songé à écrire.

Chère Madame Jones,

Je sais que vous avez souffert à cause de Hunt et de moi. Je voulais vous dire qu'il vous aimait sincèrement. Il s'est trouvé confronté à une situation difficile et ne s'est pas conduit au mieux, mais il m'a toujours affirmé que vous étiez une femme merveilleuse et qu'il vous aimait. Il me manque terriblement, et je sais qu'il doit vous manquer aussi. Je vous demande pardon pour le mal que nous vous avons fait. J'espère que vous finirez par trouver le bonheur.

Respectueusement vôtre,
Angela Morissey

L'attention était extrêmement touchante, surtout alors que la jeune femme subissait une épreuve terrible, et Tallie l'apprécia à sa juste valeur. Ce message mettait du baume sur les plaies que Brigitte avait tenté de rouvrir en affirmant que Hunt ne l'avait jamais aimée. En dépit de ses défauts et des

233

erreurs qu'il avait commises, Hunt était un être fon-
cièrement bon. Elle remercia intérieurement Angela
et, priant pour que l'âme de Hunt soit en paix, rangea la lettre dans un tiroir.

16

Comme prévu, Maxine vint passer quelques jours de vacances à Los Angeles avant le début des cours d'été, pour le plus grand plaisir de sa mère et de son grand-père. L'après-midi, elle faisait une petite promenade avec Sam. Souvent, il prenait place dans un fauteuil roulant, et Maxine le poussait. S'il marchait de moins en moins bien, son grand-père n'avait en revanche rien perdu de ses capacités intellectuelles et il savourait sa compagnie. Il aimait entendre ses opinions sur le monde. Le soir, Tallie les emmenait manger une glace ; son père dégustait un *root beer float* – mélange de glace à la vanille et de racinette –, qui lui rappelait son enfance.

Ils se sentaient tous les trois encore convalescents, marqués par les événements tragiques des dernières semaines. Sam et Maxine s'inquiétaient pour Tallie, en pleine postproduction. Son emploi du temps était moins serré, plus flexible, à présent que le tournage était terminé, mais il restait tout de même beaucoup à faire, d'autant plus qu'elle n'avait plus d'assistante pour la seconder. La sortie du film était prévue pour Noël. Les distributeurs espéraient profiter de la période des fêtes pour remplir les salles de cinéma.

— Que va-t-il se passer pour Brigitte, à présent ?
demanda Maxine un soir, alors qu'elles rentraient à
la maison après avoir dîné avec Sam.

— Elle sera jugée pour les deux affaires séparément. D'un côté par l'Etat fédéral pour détournement de fonds, et de l'autre par l'Etat de Californie
pour meurtre. La date du premier procès est fixée au
19 avril. Je ne suis pas pressée de témoigner ; cela
dit, j'imagine qu'elle non plus, même si, jusqu'à
maintenant, elle a refusé de plaider coupable. Et
bien sûr, il va y avoir la procédure civile. J'espère
récupérer la maison, mais rien n'est sûr. D'après Jim
Kingston, le fisc aussi a des vues sur ses biens.

— Elle n'a pas cherché à te recontacter ?

Il lui semblait si étrange, comme à Tallie, que Brigitte n'ait jamais écrit pour s'excuser de sa conduite.

— Non. En revanche, l'amie de Hunt, Angela,
m'a envoyé une lettre, dans laquelle elle me disait
combien il m'aimait. J'ai trouvé que c'était une gentille attention de sa part. Je lui ai répondu.

Elle avait aussi reçu une missive de Victor Carson.
Ce dernier lui présentait ses condoléances et l'infor-
mait que sa femme l'avait quitté et qu'ils allaient
divorcer.

Le procès n'aurait pas lieu avant dix mois, autrement dit une éternité. D'ici là, tout ce qui s'était
passé semblerait lointain, presque irréel. Jim appelait
de temps à autre pour prendre de ses nouvelles. La
veille du départ de Maxine, il s'arrêta chez Tallie, en
route pour aller chercher son fils, afin de faire
connaissance avec elle. Pour une fois, il ne portait
pas un complet, mais un jean et un tee-shirt. Maxine
le trouva intelligent et séduisant, remarqua qu'il était

236

plein d'attentions pour sa mère et que celle-ci prenait visiblement plaisir à sa compagnie. Dès qu'il fut parti, elle se tourna vers Tallie :

— Il est super-mignon ! déclara-t-elle, tout excitée. Qu'as-tu à lui reprocher ?

— Rien. Pourquoi cette question ?

— Enfin, maman ! Qu'est-ce qui ne te plaît pas chez lui ?

— Rien. Je l'aime bien. Il est très sympathique.

— Ce n'est pas ce que je veux dire et tu le sais. Pourquoi ne sors-tu pas avec lui ?

— Premièrement, il ne me l'a pas demandé. Ensuite, il est chargé de notre affaire et, troisièmement, je ne suis pas à la recherche d'un petit ami. Ce n'est pas ma préoccupation pour le moment, et peut-être que ce ne le sera jamais.

— Et pourquoi pas ? se récria Maxine, à la fois déçue et irritée.

— Disons que mon expérience avec Hunt m'a refroidie. Pour un bon moment, en tout cas. J'ai été trompée quatre ans durant par mon compagnon et ma meilleure amie. C'est sûrement la preuve que mon jugement n'est pas des plus fiables et ça ne me donne pas précisément l'envie de me jeter tête baissée dans une autre relation.

— Ne dis pas de bêtises, maman. Il est marié ou divorcé ? Le type du FBI, je veux dire.

— Veuf.

— Ah ! Il a une petite amie ?

— Je ne lui ai pas posé la question et je n'ai pas l'intention de le faire. Au mieux, nous pourrions devenir amis. Il n'a pas l'air pressé de fréquenter une autre femme. Je crois que la sienne lui manque toujours.

— C'est pitoyable. Vous êtes ridicules tous les deux. Vous gaspillez votre vie ! s'exclama Maxine avec la fougue de ses dix-huit ans.

— Merci pour tes conseils, ma chérie.

— De rien. Si tu l'invitais à dîner un de ces jours ?

— Max ! C'est absolument hors de question !

— Pourquoi ?

— Il pensera que je le drague et j'aurai l'air ridicule.

— Pas du tout. Tu devrais vraiment y songer, avant qu'il soit trop tard, ma petite maman !

Puis Maxine redevint sérieuse.

— Comment trouves-tu grand-père ? Il me semble beaucoup plus faible que lors de ma dernière visite. Il se sert de moins en moins du déambulateur. Il préfère son fauteuil roulant.

Tallie savait bien que les forces de son père s'amenuisaient.

— Oui, c'est vrai, mais il vient d'avoir quatre-vingt-six ans, ma chérie. J'imagine que c'est dans l'ordre des choses, soupira-t-elle.

Sam était de plus en plus frêle, de plus en plus voûté. Un jour viendrait où il ne pourrait plus quitter son lit. Tallie en avait conscience et essayait de ne pas y songer.

Ils dînèrent tous les trois ensemble ce soir-là ; le repas se déroula dans la bonne humeur, même si le départ de Max les attristait.

Le lendemain matin, Tallie conduisit sa fille à l'aéroport et passa le reste de la journée à s'affairer dans la maison et à régler des factures. Cela lui rappela de mauvais souvenirs : la dernière fois qu'elle s'était acquittée de cette tâche, il y avait eu l'appel de Brigitte, puis la tragédie... Une bouffée de chagrin la submergea.

La semaine suivante, Greg Thomas voulut la voir pour discuter de la procédure civile engagée à l'encontre de Brigitte. Tallie lui réclamait un million de dollars – soit la somme détournée, telle qu'estimée par Victor –, mais personne ne savait ce qu'il allait advenir de ses biens à présent qu'elle était en prison.

Enfin, Tallie acheva le montage de son film. Le jour où elle visionna la version définitive, elle fut émerveillée. La performance des acteurs était remarquable, le décor superbe, la musique impressionnante. Hunt aurait été très fier. Très émue, Tallie fit ajouter une ligne au générique de fin pour rendre hommage à sa mémoire.

En quittant les studios, elle s'arrêta chez son père. Il était moins bavard que d'habitude et semblait souffrir.

— Ça ne va pas ? demanda-t-elle, préoccupée. Veux-tu que j'appelle le médecin ?

— Non, ce n'est rien. Mon arthrose s'est réveillée, voilà tout.

Elle tenta de le persuader de se lever et de marcher un peu, mais il ne voulut rien entendre. Amelia l'informa qu'il n'avait pratiquement rien mangé de la journée, ce qui ne fit qu'inquiéter Tallie davantage. Elle allait devoir engager quelqu'un pour veiller sur lui la nuit, que cela lui plaise ou non.

Ce soir-là, alors qu'elle était restée dîner avec lui, Jim l'appela.

— Peut-on se parler plus tard ? lui dit-elle. Je ne suis pas chez moi.

— Bien sûr. Il n'y a rien d'urgent. Je voulais juste vous informer que nous avons proposé un marché à Brigitte. Je vous donnerai les détails tout à l'heure.

Tallie raccrocha, intriguée. De quel marché pouvait-il bien s'agir ? Jim lui avait déjà appris que Brigitte allait invoquer un accès de folie temporaire. D'après lui, personne ne s'y tromperait. Elle était en pleine possession de ses moyens au moment du meurtre, seulement furieuse, ce qui ne constituait pas une défense.

— Es-tu contente de ton film ? s'enquit son père durant le repas.

En dépit de son état, Sam continuait à s'intéresser à ce qui se passait autour de lui et à se passionner pour le travail de sa fille.

— Oui. Je ne sais pas si je suis impartiale, mais je le trouve excellent. C'est vraiment triste que Hunt ne soit plus là pour le voir.

— C'est triste de bien des manières. J'espère que Brigitte va rester un bon moment en prison.

— Le contraire m'étonnerait. Entre le meurtre de Hunt et tout l'argent qu'elle a détourné, je crois qu'elle est condamnée à y passer sa vie entière.

— Tant mieux, dit-il avec conviction. Je n'ai aucune compassion pour les criminels dans son genre. As-tu des nouvelles de ton avocat ou du FBI ?

— Jim Kingston vient justement de me téléphoner. Je lui ai promis que je le rappellerais en rentrant. Je te tiendrai au courant.

Son père lui avait donné quantité de conseils utiles concernant la procédure civile. Lecteur assidu de la

Harvard Law Review, il lui faisait souvent des suggestions, qu'elle avait pour mission de transmettre à Greg Thomas. Le plus souvent, ce dernier devait reconnaître que le vieil homme n'avait rien perdu de sa perspicacité.

Tallie resta jusqu'à ce que son père soit prêt à se mettre au lit. Elle l'aida à se coucher et mit de l'ordre dans la cuisine. Il était assoupi quand elle partit sur la pointe des pieds. Rentrée chez elle, elle rappela Jim, qui se mit en devoir de lui expliquer l'offre faite à Brigitte.

— Si elle plaide coupable, la partie civile lui proposera une réduction de peine. Votre dédommagement ferait partie du marché et serait obtenu au moyen de la vente de ses biens ou encore prélevé sur ses comptes. Son avocat essaie de négocier un marché avec l'Etat pour que les deux peines soient confondues.

— Combien de temps resterait-elle en prison, alors ? demanda Tallie, inquiète.

— Cinq ou six ans pour le détournement de fonds, peut-être huit ou dix pour le meurtre. Ce n'est pas énorme, mais son casier judiciaire est vierge. Et les prisons sont surpeuplées. Cela dit, elle aura certainement un supplément de peine pour abus de confiance.

— Franchement, ça ne me paraît pas très cher payé pour les crimes qu'elle a commis. J'ai du mal à comprendre pourquoi on négocie avec elle.

— Parce que si elle plaide coupable et que nous évitons un procès, cela va faire économiser de l'argent au contribuable et vous épargner une bonne dose de stress. Tout le monde y gagne.

Tallie devait admettre qu'elle n'avait guère envie d'un procès. En même temps, elle ne voulait pas que Brigitte s'en tire à trop bon compte.

— Nous verrons ce que dit son avocat demain, conclut Jim.

— Elle serait folle de ne pas accepter, si cela peut réduire sa peine de prison.

— Je suis bien d'accord avec vous, mais vous seriez étonnée par le nombre d'accusés qui veulent avoir leur heure de gloire au tribunal, même si ça finit mal pour eux. Quoi qu'il en soit, nous avons encore du temps. Le procès n'est prévu que dans huit mois.

Consolation qui n'en était pas une pour Tallie, qui avait hâte que tout soit terminé. Elle avait l'impression que cette triste affaire durait depuis des lustres. Jim lui assura qu'ils parviendraient à un compromis satisfaisant pour toutes les parties, pas seulement pour les institutions fédérales espérant faire l'économie d'un procès.

La conversation dévia ensuite pour se porter sur leurs enfants, qui étaient au centre de leurs vies. Comment étaient les cours de Maxine ? Comment s'annonçait le match que Bobby devait disputer cette semaine ? Quant au job d'été que Josh avait décroché dans un cabinet juridique, il était très intéressant et le jeune homme appréciait. Jim ajouta que, s'il ne devenait pas footballeur professionnel, il encouragerait son fils à faire des études de droit, comme Max. Enfin, ils abordèrent des sujets plus personnels.

— Et vous, Tallie, qu'allez-vous faire maintenant que le film est terminé ? Avez-vous des projets ?

— Oui, plein. Des cours de yoga, du shopping, des grasses matinées, des sorties au cinéma, des lectures de scénarios et de livres ! Je cherche une idée pour mon prochain film, mais je veux prendre le temps de la réflexion. De toute façon, j'ai besoin de faire une pause. Et je ne suis pas pressée de reprendre le travail, surtout avec ce procès qui s'annonce, voire ces procès ! Il faudra que je sois disponible.

A vrai dire, sa vie serait en suspens tant qu'elle ne saurait pas comment la situation juridique allait évoluer. Greg attendait la réponse de l'avocat de Brigitte à la plainte qu'il avait déposée dans la procédure civile ; Victor épluchait de nouveau les comptes pour vérifier qu'il n'y avait pas eu d'autres détournements ; le FBI constituait son dossier ; et l'Etat de Californie examinait les éléments du meurtre de Hunt. En tant que victime, Tallie n'avait pour ainsi dire pas voix au chapitre. C'était l'Etat et, dans une certaine mesure, le juge qui contrôlaient le déroulement des événements.

— Vous partez en vacances cet été ? demanda-t-elle soudain, saisie par une légère inquiétude.

Le fait qu'il suive la procédure de près et la tienne régulièrement informée la rassurait.

— J'emmène mes fils à la pêche en Alaska les deux dernières semaines d'août, mais, à part ça, je ne bouge pas d'ici.

Ils savaient tous les deux qu'il ne se passerait sans doute rien en son absence. Ni d'ailleurs avant des mois. Tout cela allait durer une éternité.

— Au moins elle est en prison, reprit Jim, devinant l'abattement de Tallie. Elle ne présente plus de danger pour vous ou votre famille. C'est déjà énorme.

Avec le recul, Tallie se demandait comment elle avait pu avoir en Brigitte une confiance aussi aveugle. Au fil des années, elle en était venue à faire docilement tout ce que celle-ci lui suggérait, convaincue qu'elle ne songeait qu'à lui faciliter la vie ; au lieu de quoi cette ennemie infiltrée l'avait dépouillée discrètement, lui volant jusqu'à son compagnon.

Tallie n'était pas la seule à s'interroger : Victor Carson était inquiet aussi. Il se reprochait de ne pas avoir remarqué plus tôt les agissements de Brigitte et avait avoué à Jim Kingston qu'il craignait que Tallie ne l'accuse de négligence. Jim ne lui avait pas caché que c'était une possibilité : il n'était pas rare qu'un crime unique donne lieu à une succession de procès. Tout le monde payait les pots cassés. De fait, Tallie avait abordé cette question avec son avocat. Comment se faisait-il que Victor ne se fût aperçu de rien ? Soit il était négligent, et elle payait quelqu'un qui faisait mal son travail, soit il était malhonnête. Elle ne croyait pas à cette seconde hypothèse, pas plus que le FBI. Elle n'était pas rassurée pour autant : elle avait le sentiment de ne plus pouvoir se fier à personne.

Jim promit de lui téléphoner avant son départ pour l'Alaska. Tallie raccrocha en soupirant. Tout était si compliqué, si stressant ! Il n'y avait jamais de réponses simples, de décisions claires, de résultats nets et définitifs.

Néanmoins, elle était reconnaissante à Jim de lui fournir informations et explications ; elle appréciait sa gentillesse réconfortante. Il ne pouvait pas faire avancer les choses plus vite, mais au moins avait-il fait arrêter Brigitte et porté l'affaire devant la justice. Tallie avait entendu parler de victimes qui avaient perdu une fortune sans que les autorités puissent agir contre le criminel, car celui-ci avait pris soin de détruire toutes les preuves et il n'y avait aucun élément tangible sur lequel fonder un procès. En un sens, elle avait de la chance, comme Jim le lui répétait, même si le mot lui semblait mal choisi. Son dossier était solide et il ne faisait aucun doute que Brigitte serait condamnée.

A son grand dam, Tallie s'était vu attribuer un numéro de « victime ». Un fichier informatisé avait en effet été créé dans le but d'informer les personnes dans sa situation et de leur faire parvenir divers renseignements pratiques tels que les dates des audiences. Bien que méritoire, cette initiative consternait Tallie. Elle ne voulait pas être considérée comme une créature sans défense, incluse dans un troupeau anonyme de gens qui avaient été stupides, naïfs ou abusés. « Victime » : le mot lui donnait des frissons ; ce n'était pas l'étiquette qu'elle voulait que la société lui colle sur le front.

Ce soir-là, elle eut toutes les peines du monde à trouver le sommeil. Elle passa une nuit fiévreuse, peuplée de cauchemars où Brigitte l'abreuvait d'insultes puis essayait de l'abattre. Réveillée en sursaut à quatre heures du matin, elle ne put se rendormir. Jim l'avait avertie que ce genre de réactions n'était pas rare. Nombre de personnes dans son cas, traumatisées par leur expérience, devaient consulter un psychiatre. Il lui avait même suggéré d'en faire autant.

Elle se leva, descendit au rez-de-chaussée et lut le journal. Un peu plus tard dans la matinée, elle appela son père pour prendre de ses nouvelles. Son employée de maison lui apprit qu'il refusait de quitter le lit. Il affirmait ne pas être souffrant, seulement fatigué. Tallie décida de lui rendre visite. Le fait qu'il continue à vivre seul était pour elle une source constante d'anxiété. Sam se hérissait dès qu'elle abordait le sujet. Jusqu'à maintenant, il avait refusé tout net une garde de nuit. Tallie respectait son désir d'indépendance, mais n'en était pas moins très inquiète.

Il dormait quand elle arriva. Pour ne pas le déranger, elle s'assit dans un petit cabinet de travail à côté de sa chambre et parcourut des magazines en attendant son réveil. Lorsqu'elle l'entendit bouger, elle se précipita à son chevet.

— Comment te sens-tu, papa ? demanda-t-elle en souriant.

— Fatigué, répondit-il. J'ai beaucoup pensé à toi hier soir, à cette affaire de détournement de fonds et à ce qui s'est passé avec Hunt. Je suis désolé pour toi, ma chérie. C'est vraiment épouvantable. Et dire que j'ai cru que c'était quelqu'un de bien.

Le pauvre homme ne pouvait s'empêcher de ruminer cette histoire. Tallie le considéra, le cœur serré. Elle détestait le voir si las. Cette affaire avait dû l'affaiblir plus qu'elle n'avait cru. A son âge, les soucis pouvaient avoir des conséquences irrémédiables.

— Ça ira, papa. Ne te tracasse pas, affirma-t-elle d'un ton rassurant.

— Je veux que tu récupères autant d'argent que possible. Il ne faudra pas te laisser faire. Je veux que tu te battes.

Il parlait comme s'il était sur le point de partir en voyage. Comme s'il ne devait pas être là quand le moment surviendrait. L'angoisse de Tallie redoubla. Elle eut soudain l'impression que son père respirait avec difficulté. Elle songea à téléphoner au médecin. Il y avait une bonbonne d'oxygène à la maison en cas d'urgence, mais elle hésitait à s'en servir sans avis médical.

Elle lui effleura tendrement la joue.

— Ça va, papa ?

— Je vais peut-être me lever un peu. J'en ai assez d'être couché.

C'était une journée splendide, aussi lui proposat-elle d'aller prendre l'air dans le jardin. Il accepta avec plaisir. Elle l'aida à enfiler sa robe de chambre, après quoi il gagna la salle de bains à l'aide de son déambulateur. Il en ressortit fraîchement rasé et peigné. Il avait toujours pris grand soin de son apparence. Lorsque Tallie était plus jeune, il la taquinait volontiers à propos de ses cheveux en bataille et de son look négligé. Elle se demanda brusquement si elle ne devrait pas faire un effort à cet égard. Jusqu'ici, son credo avait été : « Plutôt qu'un peigne à la main, un crayon pour prendre des notes ! » Mais, là, à trente-neuf ans, elle prenait conscience soudainement qu'elle se focalisait peut-être trop sur son travail, au détriment du reste.

Elle guida lentement son père dans le jardin et l'aida à s'asseoir sur une chaise longue. Puis elle alla lui chercher un chapeau et, enfin, s'installa à côté de lui, prenant sa main dans la sienne. Ils restèrent là un long moment, à se chauffer au soleil. Tallie avait fermé les yeux. Soudain elle sentit que son père pressait ses doigts dans les siens.

— Je t'aime, papa, dit-elle doucement, avec l'impression d'être redevenue une enfant.

Elle songeait au soutien sans faille qu'il lui avait apporté lorsqu'elle était jeune, à son dévouement à la mort de sa mère, aux encouragements et aux sages conseils qu'il lui avait prodigués tout au long de sa carrière. Deux larmes roulèrent sur ses joues, qu'elle se hâta d'essuyer. Elle ne voulait pas lui donner l'impression qu'elle était déprimée juste parce qu'il était âgé et fatigué.

— Moi aussi, je t'aime, Tallie, murmura-t-il, avant de s'assoupir.

Il se mit à ronfler doucement et elle sourit, rassérénée, puis somnola à son tour. Elle se sentait si proche de lui.

Au bout d'un moment, elle se réveilla et retira sa main avec précaution. Il ne ronflait plus et semblait dormir paisiblement. Cependant, alors qu'elle se penchait pour l'embrasser, elle eut la terrible impression qu'il ne respirait plus. Elle posa la main sur son cou, chercha frénétiquement un pouls et n'en trouva pas. Depuis combien de temps avait-il cessé de respirer ? Une minute, une heure ?

Prise de panique, elle cria à Amelia d'appeler des secours et étendit son père sur l'herbe pour lui faire du bouche-à-bouche. Il ne réagit pas. Elle tenta ensuite un massage cardiaque, jusqu'à ce qu'elle entende une sirène s'approcher. L'instant d'après, une équipe d'urgentistes prenait la relève tandis qu'elle se laissait tomber sur l'herbe, en larmes.

Les efforts des secouristes furent vains. L'ambulancier aida Tallie à se relever et l'emmena à l'intérieur.

— Je suis désolé, dit-il doucement. Je crois qu'il n'a pas souffert.

Tallie se mit à sangloter. Elle ne pouvait imaginer la vie sans son père. Brusquement, elle comprit que les paroles qu'il avait prononcées ce matin-là étaient un au revoir, que les « Je t'aime » qu'ils avaient échangés étaient les derniers.

— Il s'est assoupi, expliqua-t-elle d'une voix étranglée. Je venais de… Merci pour vos efforts…

L'homme lui tapota le bras, puis retourna dans le jardin. Sam avait été allongé sur une civière, sous une couverture, et on le transférait dans une ambulance. Amelia serra Tallie contre elle, joignant ses larmes aux siennes.

Un urgentiste vint lui poser les questions d'usage : le nom de son père, son âge… Il l'interrogea sur son état de santé. Elle expliqua qu'il ne souffrait d'aucune maladie en particulier, mais qu'il était âgé et que, comme il le disait lui-même, « la machine était usée ».

— Où voulez-vous qu'il soit emmené ? demanda-t-il enfin.

Tallie le regarda, perplexe.

— Nous pouvons le déposer à la morgue jusqu'à ce que vous ayez fait votre choix, ajouta-t-il doucement.

— Oh, non ! Je vous en prie ! s'écria-t-elle, horrifiée. Donnez-moi une minute…

Elle sortit son téléphone de son sac et appela le service des renseignements afin d'obtenir le numéro d'un établissement de pompes funèbres où elle s'était rendue par le passé.

L'employé qui lui répondit se montra à l'écoute, promit de prendre les dispositions nécessaires et lui suggéra de passer un peu plus tard afin de tout régler. Il avait reconnu son nom aussitôt, car l'entreprise avait une clientèle de célébrités. Il lui assura que tout se ferait dans la discrétion. Tallie songea soudain que, par le passé, cela aurait été Brigitte qui se serait chargée de ce genre de tâches.

La conversation terminée, Tallie indiqua à l'urgentiste l'adresse de l'établissement où ils devaient emporter la dépouille de son père. En voyant la forme inerte sur la civière, elle se remit à pleurer. Quelques minutes avant, Sam était assis à côté d'elle et lui disait qu'il l'aimait, et maintenant il n'était plus là. Bien sûr, elle savait que ce moment viendrait tôt ou tard, mais elle ne s'était pas attendue à ce qu'il se produise si vite, et de manière si brutale.

Elle suivit du regard le véhicule qui s'éloignait. Quand il eut disparu, elle rentra à l'intérieur. Amelia pleurait toujours, et elles s'étreignirent longuement.

— Je croyais qu'il était fatigué, rien de plus, murmura Tallie. J'aurais dû appeler le médecin.

— Son heure était arrivée, répondit Amelia avec gentillesse. Il n'avait plus de forces, ces derniers temps. Je crois qu'il était prêt à s'en aller.

Malgré elle, Tallie admit que c'était la vérité. Son père avait bien vécu. Pourtant, le choc était rude. Désormais, elle n'avait plus que Max comme famille.

— Mais moi, je n'étais pas prête, soupira-t-elle tristement.

Elle retourna dans le jardin chercher ses sandales et fondit en larmes à la vue du chapeau de son père qui gisait sur l'herbe. Il fallait qu'elle parte d'ici, loin de tout ça, loin de toute cette tristesse. Il fallait aussi qu'elle appelle Maxine pour lui annoncer l'horrible nouvelle. Sa fille serait effondrée.

Tallie conseilla à Amelia de rentrer chez elle, ajoutant qu'elle pourrait revenir le lundi suivant pour mettre de l'ordre dans la maison. Ensuite, elle devrait décider du sort de la propriété et ranger les affaires de son père. Des tâches douloureuses l'attendaient, et elle se félicita d'avoir terminé son film.

En montant dans sa voiture, elle se rendit compte qu'elle tremblait ; elle eut du mal à se concentrer sur la conduite. Le matin même, lorsqu'elle avait accompli ce trajet en sens inverse, son père était vivant. Tout s'était passé si vite. Au moins n'avait-il pas souffert. Tallie s'accrochait à cette pensée comme à une bouée.

Elle téléphona à Maxine en route, mais l'appel fut redirigé vers sa boîte vocale ; elle se souvint alors que sa fille était partie faire du camping. Sans doute se trouvait-elle hors de portée d'un réseau. Elle se sentit encore plus seule. Hunt, Brigitte, Sam – tous l'avaient quittée d'une manière ou d'une autre. Elle avait perdu son père, son meilleur ami au monde et son plus fidèle soutien. Elle n'avait personne à appeler, personne à avertir, personne pour la réconforter.

Alors qu'elle descendait de voiture, son portable se mit à sonner et le nom de Jim Kingston s'afficha sur l'écran. Elle hésita, réticente à prendre l'appel, puis

251

se décida à répondre. Jim devina aussitôt qu'elle avait pleuré.

— Vous allez bien ? demanda-t-il d'un ton inquiet.

Incapable de parler, elle secoua la tête et mit plusieurs secondes à se ressaisir.

— Non... mon père vient de mourir... balbutia-t-elle sans pouvoir retenir ses larmes.

— Oh ! Je suis désolé... Etait-il malade ?

— Non, seulement il était très fatigué ces derniers temps. Il n'allait pas très bien... il a... il avait quatre-vingt-six ans.

Parler de lui au passé lui était insupportable.

— Voulez-vous que je vienne ?

Jim avait fait cette proposition spontanément. Présenter ses condoléances lui semblait insuffisant. Tallie avait traversé tant d'épreuves... Le sort s'acharnait sur elle.

— Je ne sais pas...

Elle semblait perdue, effrayée.

— Je serai là dans cinq minutes. Je suis tout près de chez vous.

Il s'était rendu au bureau afin de travailler sur des dossiers en souffrance. Comme d'habitude, il avait une montagne de paperasses à classer et, Bobby étant parti en week-end, il en avait profité.

Tallie entra chez elle sans savoir au juste comment. Elle avait l'impression d'évoluer dans un brouillard épais et suffocant. Quand Jim arriva quelques instants plus tard, après avoir fait une brève halte pour acheter deux cafés, il trouva ses clés dans la serrure.

Il referma la porte et gagna la cuisine. Assise devant la table, elle regardait vers le jardin, les yeux dans le vague. Elle se tourna vers lui, surprise.

— Comment êtes-vous entré ?

— Vous avez laissé la porte ouverte, expliqua-t-il en lui tendant les clés.

Cette fois-ci, il était venu en ami, et non en sa qualité d'agent du FBI. Il lui offrit un café et elle en but une gorgée machinalement. Son regard était éteint, sa main tremblait.

— Merci d'être venu, murmura-t-elle au bout d'un moment, en croisant son regard. C'était un homme merveilleux, vous savez. Après la mort de ma mère, il a été tout pour moi, comme vous avec vos enfants.

Des larmes roulaient sur ses joues. Jim posa une main apaisante sur son épaule, et elle se laissa aller contre lui. Il la serra dans ses bras. Il aurait aimé pouvoir la libérer de son chagrin, mais il savait, lui plus qu'un autre, combien c'était impossible. Elle pleura comme une enfant, cramponnée à lui. Enfin, elle releva la tête, les yeux rougis.

— Merci d'être là. Je ne savais pas qui appeler... je n'ai plus personne à présent...

— Les amis sont faits pour ça, murmura-t-il avec douceur.

Jusqu'à présent, leurs relations étaient restées plutôt formelles, mais Jim espérait qu'ils deviendraient plus proches. Lorsqu'il avait entendu le désespoir dans sa voix, il avait immédiatement eu envie de lui apporter son soutien.

— Merci d'être venu, répéta-t-elle.

— Je sais ce que vous ressentez, Tallie. Quand ma femme est morte, j'étais anéanti. Au moins, votre père est parti paisiblement, même si ce n'est pas une grande consolation pour vous en ce moment.

— La vie n'a pas été facile ces derniers temps, soupira-t-elle. Je voudrais que le procès ait déjà eu lieu, que je sache à quoi m'en tenir...

— Je comprends que ça vous paraisse interminable, Tallie, mais ce sera bientôt fini. Nous allons essayer de faire en sorte que vous soyez dédommagée, au moins en partie.

Elle acquiesça. Au fond, cela ne lui importait guère. Comme Maxine le lui avait très justement fait remarquer, elle ne vivait pas exactement dans la pauvreté. Elle ferma les yeux, s'appuyant de nouveau contre lui.

— Je croyais avoir suffisamment donné dans les scénarios catastrophe...

— Après la pluie le beau temps. C'est ce qu'on dit, non ?

Elle ne put s'empêcher de sourire.

— Le beau temps se fait désirer.

— Je sais, soupira-t-il en lui pressant l'épaule d'un geste réconfortant.

— Je suppose qu'il faut que j'aille m'occuper des détails de la cérémonie, reprit-elle enfin, d'un ton hésitant.

Cette perspective l'emplissait d'appréhension. Que pouvait-il y avoir de pire ?

— Puis-je vous accompagner ?

— Vraiment ? Cela ne vous dérange pas ? C'est très gentil à vous.

Elle prit son sac et ils se mirent en route. Elle demeura d'abord silencieuse. Jamais elle ne s'était sentie aussi vulnérable. La vie était si fragile ; tout pouvait basculer en un claquement de doigts.

— Brigitte faisait tout pour moi, finit-elle par murmurer. Elle s'occupait du moindre détail, comme une mère ou une sœur aînée. Je n'ai pas de sœur et j'ai perdu ma mère quand j'étais très jeune ; c'était merveilleux d'avoir quelqu'un comme elle qui me protégeait. Je me sentais totalement en sécurité, et tout à coup j'ai découvert que ce n'était qu'une illusion. Nous avons travaillé ensemble pendant si longtemps. J'ai l'impression d'avoir perdu un membre de ma famille.

Jim comprenait tout à fait ce que Tallie pouvait ressentir.

— C'est ce qu'il y a de si douloureux dans ces affaires-là, dit-il en lui jetant un coup d'œil. Il ne s'agit pas seulement d'argent. C'est pourquoi l'abus de confiance est sévèrement puni.

— En tout cas, je vais tirer une leçon de tout ça. Ne plus faire confiance justement, c'est le meilleur moyen de ne pas être abusé. Ne plus se fier à personne.

Depuis le départ de Brigitte, elle s'était rendu compte qu'elle pouvait se débrouiller seule, même si elle envisageait d'engager une nouvelle assistante. Sa vie était trop frénétique pour qu'elle puisse se passer d'un bras droit sur le long terme. Cependant, la perspective de recruter quelqu'un l'angoissait : allait-elle être capable de choisir la bonne candidate, celle qui ne la trahirait pas ?

— La vie est trop triste si on est seul, rétorqua Jim. On ne peut pas ne pas faire confiance à ses proches.

Elle secoua la tête.

— Je ne sais pas. Je ne sais plus.

Son père parti, elle n'avait plus que Max, et sa fille était encore très jeune. Tallie ne pouvait pas se reposer sur elle et ne le désirait pas non plus. Elle prenait conscience qu'elle n'avait plus de proches véritables.

Jim se gara sur le parking de l'établissement des pompes funèbres et la suivit à l'intérieur. Ni l'un ni l'autre n'étaient habillés pour l'occasion. Lui portait un jean, un tee-shirt et des baskets. Quant à Tallie, elle était en short et tee-shirt. Comme d'habitude. Jim savait que l'apparence était le cadet de ses soucis. Au fil de leurs rencontres et de leurs conversations, il avait appris à mieux la connaître. Elle ne ressemblait vraiment pas aux stars de Hollywood auxquelles il avait eu affaire par le passé.

L'employé qui les reçut se montra serviable et courtois. Il y avait quantité de décisions à prendre, à commencer par l'achat du cercueil. Tallie devait aussi choisir une photographie de son père – ça, au moins, ce ne serait pas compliqué, elle savait exactement laquelle elle prendrait – et sa tenue d'enterrement. Il faudrait bien sûr acheter une concession au cimetière, rédiger un avis mortuaire, mais encore sélectionner des cantiques et s'entretenir avec le pasteur qui dirigerait la cérémonie. La liste des tâches à effectuer lui donnait le vertige.

Elle signa une série de formulaires, puis ils se rendirent au cimetière. Là, ils choisirent un emplacement à l'ombre d'un arbre. Tallie prit des dispositions pour

256

que la dépouille de sa mère y soit transférée, et acheta quatre places, en prévision de son propre décès et de celui de Maxine. Cela pouvait paraître morbide, mais savoir qu'ils seraient tous réunis un jour la rassurait.

Enfin, ils allèrent à l'église presbytérienne de Bel Air afin de discuter avec le pasteur des détails de la cérémonie religieuse. Il était dix-huit heures passées quand ils arrivèrent chez Tallie. Celle-ci, épuisée, laissa tomber son sac sur le canapé, puis elle-même.

— Merci mille fois, Jim. Je n'aurais pas pu y arriver sans vous.

Elle était à bout de forces. S'ils avaient été plus intimes, il lui aurait proposé de la mettre au lit, mais il jugea déplacé de le lui suggérer. Au lieu de cela, il lui prépara un thé. Elle le remercia en souriant, songeant malgré elle que c'était exactement ce que Brigitte aurait fait – si seulement elle pouvait l'oublier, celle-là !

— Je suis vraiment désolée d'avoir monopolisé votre journée, Jim.

— Je n'avais rien de prévu ce week-end, ne vous inquiétez pas. Voulez-vous que j'aille faire des courses ? Encore une fois, il n'y a rien dans votre frigo. Vous ne mangez donc jamais ? la taquina-t-il.

Elle se mit à rire.

— Oh ! Si, ça m'arrive. Mais, vous savez, c'était Hunt le cuisinier.

— Eh bien, vous devriez peut-être en engager un, sinon vous n'aurez bientôt plus que la peau sur les os.

— Je n'aime pas avoir des employés de maison. Et je n'ai pas envie de m'asseoir à table toute seule. Avant que Hunt emménage, je cuisinais un peu, surtout pour Maxine. Mais il était tellement plus doué que moi qu'il m'a vite remplacée. Et vous, vous cuisinez ?

— Disons que je me débrouille. J'ai dû m'y mettre quand Jeannie est tombée malade. Ma spécialité, ce sont les barbecues. Et les plats à emporter, surtout chinois et italiens.

Elle éclata de rire.

— Si j'allais vous en chercher un ? proposa-t-il.

— Je ne crois pas que je pourrais avaler quoi que ce soit. Et je dois écrire la notice nécrologique.

— Vous devez prendre des forces, insista-t-il.

— Je grignoterai plus tard.

— Quoi, un citron vert ? J'ai vu l'intérieur de votre frigo, moi !

Tallie secoua la tête et Jim n'insista pas. Il partit peu après. Elle se mit au travail, s'efforçant de se remémorer les faits importants de la vie de son père. A vingt heures, on sonna à la porte. C'était un livreur, qui apportait un assortiment de plats chinois, assez pour nourrir une famille entière. Une attention de Jim, à n'en pas douter. Touchée par sa gentillesse, elle lui téléphona pour le remercier, et il lui fit promettre d'en manger une partie. Il était minuit quand elle se mit à table, enfin satisfaite de son texte. Avant de se coucher, elle envoya un SMS à Jim pour lui dire que son dîner avait été délicieux.

Elle resta longtemps éveillée, songeant à son père et à sa fille. Maxine adorait son grand-père et serait bouleversée.

Le lendemain, Jim prit de ses nouvelles par téléphone et lui offrit de nouveau son aide.

— Non, ça ira, mais je ne sais pas comment vous remercier. Vous avez été fantastique.

— Appelez-moi en cas de besoin. Et souvenez-vous de manger, d'accord ?

Cet après-midi-là, Tallie se rendit chez son père pour y prendre la photographie et la tenue d'enterrement. Sur le cliché qu'elle avait choisi, il avait une cinquantaine d'années et souriait à l'objectif ; ses yeux vifs riaient de bonheur. C'était ainsi qu'elle voulait se souvenir de lui. Elle fit un saut à l'établissement de pompes funèbres pour y déposer le complet et la nécrologie, puis rentra chez elle. Maxine téléphona alors qu'elle franchissait le seuil.

— Bonjour, maman, dit-elle gaiement. Tu as passé un bon week-end ?

Elle ajouta qu'elle revenait du New Hampshire, où elle était partie faire du rafting avec des amis. Ils s'étaient amusés comme des fous.

— Eh bien... pas vraiment, répondit Tallie en s'asseyant. Max... j'ai une mauvaise nouvelle à t'annoncer. Grand-père est mort hier. Dans son sommeil. Il n'a pas souffert. Il est parti tout doucement.

Maxine fondit en larmes.

— Tu étais avec lui ? demanda-t-elle à travers ses sanglots.

— Je lui tenais la main, précisa Tallie, qui s'était mise à pleurer aussi. Il m'a dit qu'il m'aimait et puis il s'est endormi. Nous étions dans le jardin. Il était très fatigué ces derniers jours.

— Oh ! Maman... je suis tellement désolée. Il faut que je me trouve un billet d'avion dès demain.

Tallie lui expliqua qu'elle avait déjà réservé une place à son nom sur le premier vol du matin, celui qui arrivait à onze heures. Elle attendait son arrivée avec impatience. L'épreuve serait moins douloureuse à deux.

— L'enterrement aura lieu mardi, ajouta-t-elle.

— Oh ! Mon Dieu... pauvre grand-père... et toi... hoqueta Max, qui aurait voulu pouvoir serrer sa mère dans ses bras. Y a-t-il quelque chose dont tu veux que je m'occupe ?

— Non, ça ira. Tout est plus ou moins réglé.

L'avis de décès paraîtrait le lendemain matin, annonçant l'heure et le lieu de la cérémonie, et invitant ceux qui le souhaitaient à venir se recueillir devant la dépouille le lundi soir. L'enterrement aurait lieu dans l'intimité. Tallie désirait rester seule avec Maxine lors de la mise en terre. Puis elle ferait servir une collation chez elle en fin d'après-midi. Il ne lui restait que le traiteur à appeler.

Jim la rappela le soir même.

— Vous avez pu joindre votre fille ?

— Oui, répondit Tallie.

— Comment va-t-elle ?

— Elle est triste, bien sûr. Mais j'imagine que ça ira. Merci pour tout, Jim.

— N'hésitez pas à m'appeler si vous avez besoin de quoi que ce soit.

Elle ne douta pas un instant de la sincérité de sa proposition. Jim ne cherchait pas à tirer avantage d'elle ni de la situation. C'était simplement un homme attentionné et amical.

Maxine arriva comme prévu le lendemain en fin de matinée. En larmes, mère et fille s'étreignirent avec émotion. L'une pas plus que l'autre ne pouvaient imaginer une vie sans Sam. Tallie avait l'impression qu'elles étaient deux naufragées. Elle espérait qu'elles finiraient par arriver à bon port.

Cette fois, cependant, le chagrin qu'elle éprouvait était pur, entier et sans bavures. Personne ne l'avait trahie ni ne lui avait menti, rien ne lui avait été volé.

Elle avait simplement perdu un être qu'elle aimait profondément. C'était brutal, comme si on lui avait arraché le cœur.

17

Les obsèques de Samuel Lewis Jones se déroulèrent dans une atmosphère digne et solennelle. La petite église était pleine, et le pasteur prononça des paroles justes et émouvantes. Le cercueil en acajou foncé était entouré de fleurs blanches.

Tallie évoqua brièvement l'homme extraordinaire qu'il avait été. Tous ses confrères et amis proches étaient décédés avant lui, de sorte qu'il n'y avait qu'elle pour parler de sa carrière, de ses succès professionnels et de ses qualités humaines. Elle était émue de voir autant de personnes venues se recueillir, venues rendre un dernier hommage à son père. Elle remarqua Victor Carson, seul au fond de la nef. Amelia était là aussi. En sortant de l'église, elle aperçut Jim, vêtu d'un complet sombre. Ils se saluèrent d'un signe de tête.

Une fois qu'elle eut reçu toutes les condoléances, elle invita une partie de l'assistance à venir prendre une collation chez elle un peu plus tard. Jim, également convié, déclara d'abord ne pas vouloir s'imposer.

— Cela me ferait plaisir, lui dit Tallie. Et pour une fois, il y aura de quoi manger ! conclut-elle à voix basse.

Sa remarque le fit rire, et il promit de passer. Après quoi Tallie et Maxine se rendirent seules au cimetière pour accompagner Sam à sa dernière demeure. Ce fut un moment très triste.

Lorsqu'elles arrivèrent chez Tallie, certains invités étaient déjà là. Malgré leur chagrin, elles s'acquittèrent de leurs devoirs d'hôtesses. Maxine, vêtue d'une petite robe noire trouvée au fond de la penderie de Tallie, fit la conversation à d'anciens clients de Sam, qu'elle connaissait à peine. Quand on l'interrogeait sur ses études, elle répondait avec fierté qu'elle allait devenir avocate, comme son grand-père.

Jim se présenta une heure plus tard, apportant un énorme bouquet de roses blanches. Tallie fut touchée par son geste.

Ce soir-là, alors que tous les invités étaient partis, mère et fille se retrouvèrent à la cuisine, épuisées par la tension de la journée, et grignotant sans conviction les restes de l'excellent buffet préparé par le traiteur.

— Jim a l'air très gentil, maman, lâcha Maxine.

— Oui, il l'est. Il m'a aidée à faire toutes les démarches samedi ; il a été d'un grand soutien pour moi. Je n'ai jamais rien organisé de pareil sans Brigitte.

— Quand le procès de Brigitte va-t-il commencer, au fait ?

— Oh ! C'est un peu compliqué. Celui pour détournement de fonds aura lieu en avril. Je crois que le procès pour meurtre se tiendra après, et la procédure civile dans un an, ou un peu avant. Je dois t'avouer que j'ai du mal à suivre.

Les experts-comptables du FBI et Victor Carson continuaient à rassembler des preuves du détournement et n'avaient pas besoin de son aide. Tallie en revanche s'entretenait régulièrement avec Greg Thomas, qui préparait la procédure civile. Quant au procès pour meurtre, elle n'y serait pas mêlée, sinon pour témoigner de l'appel téléphonique que Brigitte lui avait adressé avant d'assassiner Hunt. Celle-ci se refusait toujours à plaider coupable.

— Quelle idiote ! s'exclama Maxine alors qu'elles montaient se coucher. Elle a tout fichu en l'air, sa vie, sa carrière, sa relation avec toi... Elle va tout perdre, moisir en prison pendant des années, et tout ça pour quoi ? Un tas de fringues, quelques bijoux, une belle maison ? Et elle a tué un homme. Elle a détruit la vie de beaucoup de monde, y compris la tienne.

— Elle ne l'a pas détruite, répondit Tallie, songeuse, mais elle m'a porté un coup, c'est certain.

— C'est le moins que l'on puisse dire, maman. Tu te retrouves toute seule, avec un million de dollars en moins sur ton compte, et ton compagnon est mort.

— C'est vrai. Mais il ne serait plus avec moi de toute façon. Il était déjà parti.

— Mais vous auriez peut-être pu rester amis, insista Max. Il avait le droit de vivre.

— Oui, c'est certain.

— Et ton film ? Il sort quand ?

— A Noël. Le 15 décembre, précisément.

Les représentants du studio l'avaient contactée récemment. Une campagne publicitaire d'envergure était prévue pour accompagner le lancement du dernier long-métrage produit par Hunter Lloyd. Evénement médiatique ou pas, Tallie était enchantée du travail réalisé. *L'Homme des sables* était indéniablement une grande production, peut-être le meilleur film qu'elle ait tourné jusqu'ici. Elle espérait qu'il serait un succès, en mémoire de Hunt.

— J'assisterai à la première avec toi, promit Max. Je serai en vacances. Si ça se trouve, tu seras sélectionnée pour un oscar ?

— J'en doute, mais je suis ravie pour la première, répliqua Tallie en souriant. Je compte sur toi.

Elles se mirent en pyjama et regardèrent un film, blotties l'une contre l'autre. La journée avait été longue. Sam allait laisser un vide terrible dans leur vie.

18

Avant de partir pour l'Alaska, Jim amena ses deux fils chez Tallie pour les lui présenter. Elle les trouva mûrs pour leur âge. Visiblement très proches, les trois Kingston formaient une famille attachante. Tallie fut amusée de voir que Maxine n'était pas insensible au charme de Josh, qui faisait plus que ses dix-neuf ans.

Ce dernier leur expliqua qu'il hésitait entre le football professionnel et des études juridiques. La préférence de son père ne faisait aucun doute : la seconde option lui offrirait des débouchés à long terme, contrairement à une carrière sportive, qui serait ardue et de courte durée. Aussi Jim fut-il ravi quand Maxine déclara à Josh que les cours de droit la passionnaient. Inspirée par l'exemple de son grand-père, elle n'avait jamais douté de sa voie.

Après avoir dévoré le déjeuner préparé par Tallie, ils passèrent un agréable après-midi dans le jardin. Ces quelques heures suffirent à ce que les trois jeunes gens nouent des liens d'amitié. Quand ils s'en allèrent, Josh promit à Maxine de la rappeler avant leur retour respectif à New York et dans le Michigan. Il l'invita aussi à venir à un de ses matchs, à l'automne.

— Amusez-vous bien, lança de son côté Tallie à l'intention de Jim. Et félicitations : vos fils sont charmants.

— Merci, répondit Jim en souriant. Votre fille aussi, et elle est ravissante. C'est tout votre portrait.

Après leur départ, Maxine parla d'eux avec enthousiasme.

— Ils sont vraiment cool, tu ne trouves pas, maman ? Josh est génial, Bobby est un amour et j'aime bien Jim aussi. Ce serait super si j'allais voir jouer Josh dans le Michigan. Je pourrais prendre l'avion avec des copines, non ?

Tallie sourit. A l'évidence, Maxine et Josh s'étaient beaucoup plu.

— Peut-être, ma chérie. Nous verrons à l'automne, d'accord ?

C'était bientôt la fin de l'été, et Tallie voulait commencer à lire des scénarios. L'inactivité lui pesait déjà et elle était convaincue que le travail l'aiderait à surmonter les traumatismes des mois précédents. Restait à trouver un script qui l'inspirerait.

Elle avait également pris une autre décision : elle allait se mettre à la recherche d'une assistante. Après avoir collaboré avec la même personne dix-sept ans durant, il ne serait guère facile de s'habituer à quelqu'un d'autre et encore moins de lui faire confiance, mais elle avait besoin d'un bras droit.

Jim l'appela deux fois depuis l'Alaska, juste pour prendre de ses nouvelles, ce qui lui fit plaisir. Elle n'en parla pas à Max, car elle ne voulait pas y attacher trop d'importance. Jim se montrait amical, voilà tout, et il s'inquiétait pour elle ; elle ne voulait pas s'imaginer une idylle là où il n'y en avait pas. En revanche, elle se voyait bien nouer une vraie relation d'amitié avec lui. D'ailleurs, ils avaient des points communs. Et ils avaient l'un et l'autre élevé leurs enfants seuls et leur étaient dévoués corps et âme. Elle se réjouissait à la perspective de réunir leurs deux familles de nouveau.

Quand Jim et ses fils revinrent de vacances, Tallie avait pris contact avec deux agences de recrutement et rencontré plusieurs candidates potentielles, mais aucune ne lui avait plu. L'une était trop sûre d'elle, l'autre trop timide, une troisième vulgaire. L'une était entichée de la culture hollywoodienne au plus haut point, ce qui, pour Tallie, était un défaut. Enfin, il y en avait une qui ressemblait de façon frappante à Brigitte et avait même certaines de ses manières et expressions. Autant dire que celle-ci non plus n'avait pas eu l'heur de lui convenir. Maxine avait dit en plaisantant qu'elle devait avoir le même chirurgien esthétique, ce qui avait fait rire sa mère. Tallie ne voulait plus d'une assistante glamour. Cette fois, elle cherchait quelqu'un de calme, simple, sans prétention, pragmatique, et qui travaillait efficacement. Pas de fausse héritière ni d'ex-actrice. Pas de bling-bling.

La première candidate intéressante se présenta la veille du départ de Maxine pour New York. Agée d'une trentaine d'années, elle avait étudié la littérature anglaise et financé ses cours du soir à l'université de Los Angeles en travaillant comme aide-soignante. Récemment, elle avait exercé les fonctions d'assistante auprès d'une scénariste connue, laquelle venait de s'installer en Europe.

Son visage avenant était piqué de taches de rousseur et encadré d'une chevelure flamboyante. Elle était vêtue d'un jean, d'un tee-shirt blanc tout simple et d'une paire de Converse montantes. Divorcée, sans enfants, elle se montra agréable avec Maxine lorsqu'elles bavardèrent quelques minutes. Elle avait un côté maternel, protecteur, qui serait utile pour le poste qu'elle convoitait. A la fin de l'entretien, Tallie lui proposa une période d'essai la semaine suivante. Elle expliqua brièvement que sa collaboration avec sa précédente assistante s'était terminée de manière assez traumatisante, sans toutefois entrer dans les détails. De toute façon, l'agence avait dû l'informer.

— Elle me plaît, maman, déclara Maxine tandis qu'elles la regardaient s'éloigner dans son pick-up.

Pas d'Aston Martin ou autre voiture de ce genre... Megan McCarthy semblait exactement le genre de personne dont Tallie avait besoin : intelligente, les pieds sur terre et la tête sur les épaules. De plus, son poste précédent lui avait donné une solide expérience au sein de l'industrie du cinéma.

— Elle me plaît aussi, acquiesça Tallie. On verra comment ça se passe.

Elle ne voulait pas s'emballer trop vite, car elle se rendait compte qu'il n'allait pas être facile de remplacer Brigitte. En dépit de ses défauts – de taille, certes –, celle-ci avait fait un excellent travail. Tallie savait que collaborer avec quelqu'un d'autre allait exiger une période d'adaptation.

Dorénavant, la comptabilité ne ferait plus partie du travail de l'assistante. Victor se chargerait de tout et enverrait chaque semaine un de ses employés chez elle pour rassembler les informations et régler les factures.

Tallie passa le reste de la journée avec Maxine. Sa fille rapportait une montagne d'affaires à New York et elle avait bien besoin de l'aide de sa maman pour faire ses bagages. Ce soir-là, elles allèrent dîner au Ivy. Cela leur rappela Sam. Quelques mois plus tôt, ils y avaient partagé une table, tous les trois. Il leur manquait terriblement. Tallie remettait toujours au lendemain le moment de retourner chez lui. Elle n'en avait pas le courage. Amelia continuait à venir faire le ménage, mais Tallie lui avait suggéré de chercher un autre emploi à mi-temps.

Maxine repartie, Tallie se plongea dans la lecture des nombreux manuscrits qu'elle avait reçus. Elle avait hâte de se lancer dans un nouveau projet. Certains scénarios étaient bons, mais pas assez pour qu'elle ait envie de les adapter. Elle prit néanmoins plaisir à faire le tri. Le travail avait toujours été pour elle une forme de refuge, presque de salut, dans les moments difficiles.

La semaine suivante, Megan entama sa période d'essai. Sa simplicité et son dynamisme plurent tout de suite à Tallie. A bien des égards, les deux femmes avaient beaucoup plus de points communs que Tallie n'en avait eu avec Brigitte. Au bout d'une semaine, Megan avait abattu tant de travail que Tallie lui offrit le poste.

La vie reprenait peu à peu son cours normal, laissant derrière elle, dans l'ombre, les bouleversements qui s'étaient produits. Les conversations téléphoniques de Tallie avec Maxine étaient redevenues plus enjouées. Avant de partir, cette dernière lui avait montré comment communiquer par iChat, aussi pouvaient-elles se voir sur l'écran d'ordinateur tout en parlant. Cela les amusait ; Tallie avait l'impression que sa fille était tout près, et Maxine la taquinait, lui disant qu'elle était devenue une pro de la technologie.

Par ailleurs, Tallie était retournée dans la maison de son père. Elle voulait la vider pour la fin de l'année, la faire repeindre et la mettre en vente. Megan lui fut d'une grande aide, surtout lorsqu'il fallut mettre les affaires de Sam dans des cartons, ce qui raviva son chagrin. Tallie trouva nombre d'objets qui la touchaient ou la bouleversaient, dont certains avaient appartenu à sa mère. Le tri des bibelots, livres, documents conservés par son père lui brisait le cœur. Il avait tout laissé en fiducie pour Max. Il n'était pas fortuné, mais ce legs représenterait néanmoins une belle somme une fois la propriété vendue. Cet argent serait fort utile à sa petite-fille lorsqu'elle aurait terminé ses études, dans quelques années.

Douce et attentive, Megan s'éclipsait discrètement quand Tallie avait besoin de rester seule un instant. Grâce à son efficacité, la tâche, chargée d'émotion, avançait bien. La jeune femme était très différente de Brigitte, et c'était tant mieux. Elle ne s'intéressait ni à la mode ni aux paillettes et n'éprouvait nul désir d'être sous les feux des projecteurs. Faire son travail et se rendre utile lui suffisait. Elle était ingénieuse, et ne comptait pas ses heures.

Tallie n'avait pas revu Jim depuis son voyage en Alaska. Il lui téléphonait régulièrement, mais n'avait rien de nouveau à lui annoncer concernant l'affaire : les dates des procès étaient encore lointaines. Brigitte demeurait en prison. D'après un contrôleur judiciaire que Jim connaissait, elle n'éprouvait aucun remords, pas même pour le meurtre de Hunt. De son point de vue, il l'avait trahie, de sorte que son geste lui semblait justifié. Quant au vol, elle semblait s'être persuadée qu'elle avait le droit de profiter des biens de Tallie et avait même déclaré qu'elle en faisait meilleur usage qu'elle. Jim n'était guère surpris par ces réactions. Il disait qu'elle correspondait au profil classique du sociopathe, un être dénué d'empathie et de conscience.

Tallie n'avait rien reçu d'elle, pas une carte, pas une ligne, pas un mot d'excuse. C'était comme si elles ne s'étaient jamais connues, comme si leur amitié n'avait pas compté. Cependant, l'abattement que ces désillusions en série avaient d'abord provoqué chez Tallie commençait à se dissiper : elle recouvrait peu à peu son équilibre. De plus, elle avait plaisir à travailler avec Megan, qui ne manquait pas d'humour. Il leur arrivait de piquer un fou rire, ce qui faisait un bien extraordinaire à Tallie. Enfin, elle apercevait le bout du tunnel.

En novembre, elle trouva un scénario attrayant : c'était une intrigue originale, l'œuvre d'une jeune scénariste. Tout excitée, elle décida de le réaliser et de le produire elle-même et se mit aussitôt en devoir de monter le projet et de contacter des investisseurs potentiels. Ceux-ci se révélèrent enthousiastes. De son côté, elle était contente de remettre le pied à l'étrier. Elle travailla sans relâche jusqu'à ce que Maxine rentre à la maison pour Thanksgiving, puis s'accorda quelques jours de congé pour se consacrer à sa fille. Comme toujours, elles eurent grand plaisir à se retrouver.

— Alors, il y a du nouveau entre Jim et toi ? demanda Maxine à brûle-pourpoint, dès le premier soir.

Tallie ne put s'empêcher de rire.

— Non, pourquoi ? Il appelle de temps en temps pour me parler du procès, mais c'est tout.

— Josh m'a téléphoné deux ou trois fois du Michigan. Il m'a dit que son père t'aimait bien.

— Moi aussi, je l'aime bien, mais nous avons d'autres chats à fouetter en ce moment, répondit Tallie en souriant. C'est bien que Josh t'ait appelée, non ?

— Oui. Il compte venir à New York à la fin de la saison de football pour se renseigner sur la fac de droit.

Elle n'avait pas encore eu le temps d'aller le voir disputer un match. Elle l'appréciait beaucoup, mais elle pensait – et Josh était du même avis – que les relations à distance étaient trop difficiles à gérer.

Le lendemain, Jim appela Tallie pour lui souhaiter un bon Thanksgiving. Ses fils et lui se rendaient chez des parents de sa femme. Elle avait une sœur à Pasadena, dont les enfants avaient à peu près le même âge que Josh et Bobby, de sorte qu'ils passaient souvent les fêtes ensemble.

— Vous avez des projets pour la journée ? demanda-t-il.

— Rien de spécial, non. D'habitude, on célébrait Thanksgiving avec mon père ; ça va être triste sans lui. Et il y avait Hunt aussi. Je crains que ma dinde n'ait pas la même saveur que la sienne.

— Ne vous sous-estimez pas, Tallie. Je suis certain qu'elle sera très bonne. Comment va Maxine ?

— Bien. Mais je ne vais pas la voir tant que ça : elle doit retrouver des amis.

— Ah, ça, c'est autre chose. J'ai le même à la maison. Quand Josh me fait l'honneur de revenir, c'est à peine si on a le temps d'échanger deux phrases. Peut-être pourrions-nous dîner tous ensemble avant que la marmaille retourne à l'université ?

A cet instant, Maxine entra dans la pièce, se demandant visiblement qui était au téléphone. Tallie articula silencieusement le nom de Jim et sourit en voyant la réaction enthousiaste de sa fille.

— Pourquoi pas ce week-end ? suggéra-t-elle. Samedi, par exemple. Midi ou soir, comme vous préférez.

— Ça me paraît une super idée. Je pose la question aux garçons et je vous rappelle.

Il le fit moins d'une demi-heure plus tard. Ses enfants proposaient d'aller au bowling et de manger une pizza sur place. La suggestion enchanta Maxine. Ils se donnèrent donc rendez-vous le samedi suivant à dix-neuf heures. Bobby amènerait un camarade d'école. La soirée promettait d'être sympathique.

En attendant, Thanksgiving fut éprouvant pour Tallie et Maxine. Inévitablement, leurs pensées retournaient à Sam et à Hunt. Néanmoins, elles firent de leur mieux pour passer une bonne journée et allèrent au cinéma, puis se couchèrent de bonne heure.

Le vendredi, Maxine sortit avec des amies. Le samedi, elle fit du shopping avec sa mère. A sept heures, toutes deux retrouvèrent comme prévu les

Kingston au bowling. Tallie comprit très vite que Josh et sa fille se plaisaient vraiment. Ils avaient une foule de points communs et étaient aux petits soins l'un pour l'autre. Bobby et son camarade mettaient de l'animation. La soirée se déroula dans la bonne humeur. Vers vingt-deux heures, alors qu'ils s'apprêtaient à partir, Josh et Maxine s'attardèrent dans un coin. Visiblement, ils n'avaient pas envie de rentrer. Bobby taquina son frère, tandis que Tallie et Jim, feignant de ne s'être aperçus de rien, bavardaient tranquillement en les attendant.

— Merci pour cette bonne soirée, Jim, dit Tallie d'une voix détendue.

Il avait remarqué qu'elle paraissait beaucoup plus gaie que lors de leur dernière rencontre. Il faut dire qu'à l'époque, trois mois auparavant, son père venait de mourir. Sans compter les autres épreuves qu'elle avait dû endurer. En dépit de tout cela, elle avait recouvré une bonne partie de sa joie de vivre, ce dont il se réjouissait.

— Il faudra qu'on aille faire du patin à glace pendant les vacances de Noël, lança-t-il. Chaque année, ils installent une patinoire dans notre quartier pour les fêtes. Je suis un peu rouillé, mais on s'amuse toujours comme des fous.

— Il y a des années que je n'ai pas chaussé des patins, confia Tallie en souriant.

— On pourra s'y remettre ensemble. Au fait, on a beaucoup parlé du nouveau film que vous préparez, mais *L'Homme des sables*, c'en est où ?

— Il sort le 15 décembre. Je compte sur vous pour aller le voir.

— Bien sûr que j'irai. Même si je dois vous avouer que cela fait une éternité que je ne suis pas allé au cinéma.

Les critiques prédisaient déjà plusieurs nominations aux Oscars, mais elle ne s'attarda pas sur le sujet. Quelques instants plus tard, Maxine et elle roulaient vers la maison.

— Il est mignon, n'est-ce pas, maman ? demanda Maxine, une lueur espiègle dans les yeux.

Tallie sourit. Même sans cette remarque, il était évident que sa fille était emballée par Josh.

— Josh ? Oui. C'est un très beau et très gentil garçon.

Maxine éclata de rire.

— Je parlais de son père !

— Oh ! Je t'en prie, marmonna Tallie en levant les yeux au ciel. Oui, d'accord, il est mignon aussi. Je suis contente de l'avoir pour ami.

Pour toute réponse, Maxine regarda par la fenêtre, un sourire aux lèvres.

19

L'Homme des sables suscita des critiques dithyrambiques, aussi bien pour le jeu des acteurs que pour la mise en scène, la musique et la photographie. Partout, les queues de spectateurs – jeunes et moins jeunes – s'allongeaient devant les salles de cinéma. Tallie était aux anges. Ce succès colossal lui mettait du baume au cœur après une année si douloureuse.

Maxine était revenue la veille de la première et y avait assisté avec elle. Le lendemain, la maison débordait de cadeaux, bouquets, bouteilles de champagne et lettres de félicitations. Tallie regrettait que son père ne soit plus là pour être témoin de son triomphe. Il aurait adoré cette intrigue complexe et pleine d'action.

Jim Kingston l'appela pour la complimenter et déclara qu'il avait prévu d'aller voir son film avec Bobby le week-end suivant.

— Tout le monde en dit un bien fou, ajouta-t-il avec admiration.

Ensuite, la conversation roula sur les préparatifs de Noël. A vrai dire, Tallie appréhendait cette fin d'année, qui verrait une autre fête sans son père. Heureusement, elle avait déjà acheté les cadeaux pour Maxine. Par le passé, Brigitte l'aidait, mais cette fois, Tallie n'avait pas chargé Megan de cette tâche. Elle tenait à être moins dépendante de sa nouvelle assistante qu'elle ne l'avait été de Brigitte, à se débrouiller davantage par elle-même. Avec le recul, il lui semblait sain de maintenir entre elles une relation plus équilibrée, voire légèrement distante. Aussi s'efforçait-elle d'établir des rapports plus professionnels que personnels, ce que Megan comprenait très bien.

— Je suis aussi prête que je peux l'être, avoua-t-elle à Jim. Et vous ?

— Le shopping n'est pas mon fort. De toute façon, les fêtes ne sont jamais plus tout à fait pareilles quand on a perdu quelqu'un de cher. Votre père doit vous manquer.

— Oui, bien sûr. Mais je dois me rappeler qu'il avait quatre-vingt-six ans ; sa mort était dans l'ordre naturel des choses.

— Je vous téléphonerai pour fixer un rendez-vous à la patinoire, promit-il. Dès que Josh sera rentré à la maison pour les vacances.

Quatre jours plus tard, elle était assise à son bureau, songeant à Brigitte qui allait passer Noël en prison, quand le téléphone sonna. Elle décrocha aussitôt, se doutant bien que c'était Jim. Il commença par la féliciter pour son film. Bobby aussi l'avait adoré.

— Votre mise en scène est fantastique !

— Merci, répondit Tallie, touchée. En tout cas, je suis contente, *L'Homme des sables* marche très bien.

C'était le moins que l'on puisse dire. Le film pulvérisait les records d'entrées au box-office.

— J'ai un cadeau de Noël pour vous, déclara-t-il ensuite, changeant de sujet.

Tallie n'avait pas songé à lui en acheter un et se sentit soudain gênée.

— L'avocat de Brigitte nous a contactés aujourd'hui, reprit-il. Apparemment, elle a décidé de plaider coupable dans les deux affaires. En ce qui vous concerne, cela signifie que vous aurez juste à conclure un accord avec son avocat pour le montant qu'elle est prête à rembourser. Vous n'aurez pas à comparaître au tribunal... C'est presque fini, Tallie.

Il jubilait, heureux de pouvoir lui annoncer cette nouvelle. Bientôt, cette affaire serait du passé, et il sentait combien c'était important pour elle.

— Pourquoi ce revirement, d'après vous ? demanda Tallie, à la fois surprise et contente.

— Sans doute parce que son avocat n'est pas stupide. Ç'aurait été suicidaire de sa part de persister à vouloir aller jusqu'au procès. Elle ne peut pas gagner, et elle sera moins lourdement condamnée si elle admet sa culpabilité. Elle limite les dégâts, si vous préférez. Son avocat va se mettre d'accord avec le juge sur la peine, au lieu que tout soit décidé par un jury. Et ça va grandement vous faciliter les choses pour la procédure civile, à condition qu'elle se montre raisonnable, ce qui, évidemment, reste à démontrer. Mais j'ai bon espoir. Elle n'a pas vraiment le choix.

Il paraissait ravi et, à mesure qu'elle l'écoutait, Tallie se sentait gagnée par son excitation.

— Joyeux Noël, Tallie, dit-il avec chaleur.

— Merci, Jim. Merci pour tout, répondit-elle avec la même sincérité.

— Je vous rappelle après les fêtes pour que nous allions tous en famille à la patinoire, d'accord ?

— Ce serait génial, assura-t-elle en souriant.

La conversation terminée, elle s'empressa d'aller mettre Maxine au courant. Elle regrettait seulement que son père ne soit plus là pour apprendre ce rebondissement. Peut-être Brigitte avait-elle agi ainsi en souvenir de leur amitié, après tout ? A moins qu'elle n'ait surtout songé à ses intérêts. Comme l'avait dit Jim, elle essayait probablement de limiter les dégâts. Mais peu importait. C'était une excellente nouvelle.

Le mardi matin entre Noël et le jour de l'An, elles prenaient tranquillement leur petit déjeuner dans la cuisine quand Maxine, qui parcourait le journal, poussa un cri soudain. Sa mère sursauta.

— Oh ! Mon Dieu ! Qu'arrive-t-il encore ? s'écria-t-elle, redoutant instinctivement une catastrophe.

Jim lui avait dit que c'était une réaction normale après ce qui lui était arrivé ; cela passerait avec le temps.

Maxine souriait jusqu'aux oreilles.

— Je suis en train de lire un article sur les films qui sont sortis à Noël, expliqua-t-elle, tout excitée. Le journaliste prédit que tu vas obtenir un oscar pour *L'Homme des sables*, et en général il ne se trompe pas. Que dis-tu de ça, maman ?

— C'est flatteur, mais on ne peut pas se fier à ce genre de prédictions. A ce stade, ce n'est qu'un jeu de devinettes. Nous verrons. D'ailleurs, j'ai été sélectionnée deux fois par le passé, et je n'ai pas gagné.

Toutefois, même une nomination serait un honneur et une excellente publicité pour le film. Et peut-être serait-elle aussi sélectionnée pour un Golden Globe.

— Tu es bien pessimiste ! la gronda Maxine. En tout cas, si tu es nominée, je pourrai venir avec toi ?

Le cœur serré, Tallie se remémora la cérémonie précédente : c'était son père qui l'avait accompagnée cette fois-là. Elle n'aimait pas trop les soirées mondaines, et pouvoir avoir un être cher avec soi était réconfortant : elle serait moins stressée si Maxine venait avec elle. Et ne serait-ce pas extraordinaire si elle obtenait un oscar en présence de sa fille ?

Il était temps de recommencer à vivre, songea-t-elle avec un élan d'optimisme. Brigitte ayant plaidé coupable, elle n'avait plus à s'inquiéter de devoir comparaître. Et qui sait ? Peut-être y aurait-il un oscar à la clé. Les semaines à venir s'annonçaient excitantes.

Cet après-midi-là, Jim téléphona pour lui proposer une sortie à la patinoire le surlendemain. Lui aussi avait lu l'article et, comme Maxine, il y croyait dur comme fer.

— Comment s'est passé votre Noël ? demanda-t-il avec intérêt.

— Ç'a été très calme, très simple, mais bien. Mon père nous a beaucoup manqué, ajouta-t-elle honnêtement, mais nous avons eu de bons moments aussi. Et nous avons été très occupées depuis.

Le temps filait à toute allure quand Maxine était à la maison. Jim affirma que c'était pareil avec Josh. Il avait prévu d'emmener ses fils faire du ski à Squaw Valley pour le Nouvel An. Leur départ était fixé au samedi.

Le jeudi soir, ils se retrouvèrent comme convenu à la patinoire. Josh était de loin le meilleur sur la glace, car il avait l'occasion de s'exercer dans le Michigan. Il prit Maxine sous son aile tandis que Bobby se lançait dans des courses-poursuites avec ses amis. Jim et Tallie firent le tour de la patinoire à un rythme plus mesuré, tout en riant et en bavardant. Au bout d'une heure, ils s'assirent sur un banc pour reprendre leur souffle. Ils s'amusaient comme des fous. Avec ses moufles roses et son cache-oreilles assorti, les joues rouges et les yeux brillants, Tallie avait l'air d'une étudiante, et Jim paraissait à peine plus âgé que ses fils. Ils formaient un couple séduisant.

— Il y a une éternité que je n'ai pas ri autant, avoua-t-elle.

— Moi aussi. Je passe vraiment de bons moments avec vous, Tallie. Vous savez, je n'ai pas pour habitude de présenter mes enfants aux gens avec qui je travaille, ajouta-t-il, l'air légèrement intimidé.

Elle remarqua qu'il n'avait pas utilisé le mot « victime » et lui en sut gré.

— Vous êtes une femme remarquable, Tallie. C'est un honneur pour moi d'avoir pu apprendre à vous connaître. Je suis désolé que notre rencontre ait été motivée par les circonstances que vous savez, mais je suis heureux que ce soit moi qui aie été chargé de votre dossier.

— Vous avez fait un travail extraordinaire, Jim. Je suis vraiment reconnaissante que tout ça soit derrière moi maintenant.

Jim était de plus en plus attiré par Tallie. Sa gentillesse et sa douceur le charmaient, et ces moments partagés lui étaient devenus précieux. Il mourait d'envie de la voir davantage.

— Je ne voudrais pas que vous pensiez que je sors souvent, reprit-il, un peu gêné. En fait...

Il se détourna un instant avant de la regarder bien en face. Il ne put qu'admirer les splendides yeux verts qui le considéraient, dans l'expectative.

— ... je ne suis pas sorti avec une femme depuis la mort de Jeannie.

— Je comprends, dit-elle doucement.

Elle retira une de ses moufles et posa la main sur son bras. Jim la captura tendrement dans la sienne.

— Accepteriez-vous de dîner avec moi, Tallie ?

Il redoutait un refus ; il ne voulait pas que cette proposition gâche leur relation. Au contraire, elle sourit et acquiesça.

— Cela me ferait très plaisir.

Jim sourit, se leva et l'aida à faire de même. Elle venait de le combler et il n'osait plus rien ajouter.

Pour la première fois depuis la mort de Jeannie, il regardait une autre femme et n'avait pas le sentiment d'être déloyal. Il était sûr que Tallie lui aurait plu, et Maxine aussi. Ils s'entendaient tous si bien. Jim avait déjà recommandé à Josh la plus grande délicatesse avec Maxine. Sa mère et elle avaient subi assez de déconvenues. Son fils lui en avait fait la promesse.

Les jeunes gens continuèrent à patiner pendant une bonne partie de la soirée. Jim et Tallie les rejoignaient de temps en temps, mais, principalement, ils bavardèrent, assis sur un banc, et grignotant les brownies que Maxine avait apportés. Jim déclara qu'il l'emmènerait chez Giorgio Baldi, dont les spécialités de pâtes étaient succulentes.

Le moment de se séparer arriva trop vite ; ce fut à regret qu'ils s'en allèrent lorsque l'établissement ferma ses portes, à vingt-trois heures. Les jeunes avaient patiné pendant près de quatre heures et ne semblaient même pas fatigués.

Les garçons promirent d'appeler Maxine à leur retour de Squaw Valley, et Jim embrassa Tallie sur la joue. Elle leur adressa un signe de la main en sortant du parking, songeant à la merveilleuse soirée qu'elle venait de passer. Maxine semblait dans le même état d'esprit. Les yeux fermés, la jeune fille écoutait son iPod. Tallie prit le chemin du retour, perdue dans ses pensées.

Elle n'eut de nouvelles de Jim qu'une bonne semaine plus tard. Après son séjour à Squaw Valley, il avait été débordé de travail, une foule de dossiers tout neufs ayant atterri sur son bureau dès le lendemain du jour de l'An.

Il lui annonça une excellente chose : Brigitte venait de plaider coupable pour l'assassinat de Hunt. La sentence serait prononcée début avril. Jim ajouta qu'elle serait sans doute condamnée à dix ans de détention. Si elle n'avait pas plaidé coupable, elle aurait pu écoper de vingt ans ou même d'une peine à perpétuité. Quant à la procédure civile, elle allait désormais se muer en négociation pour la restitution des sommes volées. Brigitte s'était engagée à la rembourser jusqu'au dernier dollar, mais Jim avertit Tallie qu'il ne fallait pas qu'elle soit trop optimiste.

— Vous étiez au tribunal ? demanda-t-elle, intriguée.

— Oui.

— Comment était-elle ?

Il hésita un instant à lui dire la vérité.

— Calme, froide, parfaitement maîtresse d'elle-même. Elle n'a manifesté aucune émotion. Elle n'avait pas l'air effrayée non plus. Elle a parlé d'une voix ferme, en regardant le juge droit dans les yeux. Elle était bien coiffée et portait une robe on ne peut plus chic, que, soit dit en passant, vous avez sûrement payée.

Tallie avait du mal à en croire ses oreilles.

— Cela me dépasse. Comment peut-elle ne pas être ébranlée le moins du monde après ce qu'elle a fait et alors qu'elle se trouve devant le juge ?

— Je vous l'ai déjà dit, c'est une sociopathe. Sa personnalité est étrangère à la nôtre. C'est précisément ce qui permet à ces gens-là d'agir ainsi. C'est effrayant. Je suis vraiment désolé pour Hunter Lloyd, ajouta-t-il, mais je suis tellement content que ce ne soit pas vous qui vous soyez retrouvée devant son arme.

— Moi aussi, murmura-t-elle, songeant à la détresse qu'aurait éprouvée sa fille s'il lui était arrivé malheur.

— A propos, vous êtes toujours d'accord pour dîner avec moi ? s'enquit-il, vaguement inquiet. Vendredi soir, ça vous va ?

— Ça me va très bien, Jim. C'est parfait.

Maxine était retournée à New York ce matin-là, si bien que Tallie était libre comme l'air. Hormis deux rendez-vous avec des investisseurs pour son prochain film, elle n'était pas sous pression.

— Je passerai vous chercher à dix-neuf heures trente, alors.

Ils raccrochèrent tous les deux avec le sourire.

Le vendredi soir, à l'heure dite, Jim sonnait à la porte. Tallie l'accueillit tout excitée. Savoir que Brigitte avait plaidé coupable l'avait libérée d'un grand poids, et elle se sentait plus insouciante qu'elle ne l'avait été depuis des mois.

Ils bavardèrent à bâtons rompus pendant le dîner, évoquant leurs enfants, leur travail, leur jeunesse. La soirée passa à toute allure, et la cuisine chez Giorgio Baldi se révéla aussi délicieuse que Jim l'avait promis.

Il la ramena chez elle. Devant sa porte, il tergiversa quelques instants, puis l'embrassa doucement sur les lèvres avant de la regarder avec inquiétude.

— Je voulais que tu saches, Tallie… c'est la première fois que je sors avec une victime.

— Je ne suis pas une victime, chuchota-t-elle.

Du moins, elle ne l'était plus. Elle était redevenue elle-même. Jim sourit. Elle lui avait raconté au cours du dîner qu'elle avait jeté à la poubelle la dernière lettre qu'elle avait reçue du Programme d'identification des victimes.

— Ce que je veux dire, reprit-il, c'est qu'il n'est pas dans mes habitudes de fréquenter quelqu'un que j'ai rencontré par l'intermédiaire de mon travail.

Il le lui avait déjà expliqué le soir où ils étaient allés patiner, mais il voulait être certain qu'elle le croyait.

— J'ai un problème, moi aussi, avoua-t-elle, voulant être aussi honnête que lui. Je ne suis pas sûre de pouvoir faire confiance à un homme de nouveau.

Elle le considérait avec une telle gravité qu'il ne put s'empêcher de rire.

— Je parle sérieusement !

— Je sais, et comment pourrais-je t'en vouloir ? Mais si on ne peut pas faire confiance à un agent du FBI, à qui... ?

Elle sourit.

— Bonne question.

— Tu vois, Tallie, je crois bien que je suis la relation la plus fiable de ta vie. Je ne voudrais pas être présomptueux, mais...

Avant qu'il ait terminé sa phrase, elle l'embrassa.

Ils savourèrent l'instant. Pour la première fois depuis une éternité, Jim se sentit vivant, et Tallie aussi. Au comble de l'émotion, elle leva les yeux vers lui. Elle ignorait ce que l'avenir leur réservait, mais elle était convaincue d'une chose : elle pouvait lui faire confiance. Elle était en sécurité.

20

Il restait à Tallie une dernière formalité à accomplir avant le jugement : un entretien avec le contrôleur judiciaire chargé d'établir un rapport et de recommander au juge une peine appropriée. Par coïncidence, ce fut Sandra Zinneman, une vieille amie de Jim, qui hérita de cette mission. Elle lui téléphona dès qu'elle apprit la nouvelle, et Jim lui donna des détails sur l'affaire, sans toutefois révéler qu'il sortait avec Tallie. Leurs relations ne concernaient pas la justice.

— Comment est-elle ? demanda Sandra, intriguée.

Elle n'avait pu s'empêcher d'être vaguement intimidée en voyant le nom de la victime, curieuse aussi. Grande fan de ses films, elle tenait néanmoins à se conduire en professionnelle. Les articles qu'elle avait parcourus au sujet de Tallie l'avaient incitée à la trouver sympathique, et la lecture du dossier avait éveillé sa compassion.

— Elle a vraiment été traitée de manière lamentable par son compagnon et par l'accusée, non ?

— C'est le moins que l'on puisse dire. C'est une femme très bien, très simple. Elle est passée par d'horribles moments. Tu vas lui demander de venir te voir ?

Jim aurait donné cher pour éviter à Tallie d'avoir à se replonger dans ces souvenirs douloureux, mais la recommandation du contrôleur judiciaire constituait un élément de poids dans la décision du juge. Ce dernier s'appuierait sur son rapport pour déterminer la sévérité de la peine. Sandra jouait donc un rôle-clé. Elle allait s'entretenir avec tous les acteurs de l'affaire, y compris Brigitte, afin de parvenir à une conclusion équilibrée. Elle avait d'ailleurs la réputation d'être rigoureuse et très juste.

— Eh bien, répondit Sandra d'un ton songeur, j'envisageais de lui donner rendez-vous chez elle, pour plusieurs raisons. J'ai pensé que ce serait moins traumatisant pour elle, et je voulais également voir le cadre où Brigitte et elle travaillaient ensemble, jauger l'atmosphère des lieux. J'imagine qu'elle habite une propriété luxueuse ?

— Pas vraiment. C'est une maison agréable, mais Tallie est quelqu'un de très normal. C'est l'accusée qui se donnait des grands airs et courait après l'argent. J'ai l'impression que Mlle Jones a toujours eu les pieds sur terre. Tu as lu le rapport, j'imagine. Qu'en penses-tu ?

— Que Brigitte devrait rester en prison pour un bon moment.

L'avocat de la défense avait présenté une demande pour que sa cliente profite d'une confusion des peines, mais Sandra n'y était guère favorable. Elle ne voyait pas pourquoi Brigitte bénéficierait d'un traitement de faveur. Elle avait détourné une fortune, s'était rendue coupable d'un abus de confiance choquant envers son employeur et avait avoué un assassinat. Il semblait plus logique à Sandra que les condamnations soient effectuées de manière successive. Rien ne la portait à se montrer indulgente.

— J'irai voir la victime dès que possible. J'ai deux autres cas dont je dois m'occuper.

Elle avait été chargée en parallèle d'une autre affaire de meurtre et d'une troisième impliquant un réseau pédophile, qu'elle voulait traiter en priorité. En raison de son expérience et de sa réputation, les dossiers les plus sensibles lui étaient confiés.

— Si je peux faire quoi que ce soit, dis-le-moi, proposa Jim.

— Entendu, merci. Je souhaite surtout m'entretenir avec Mlle Jones de la peine qu'elle souhaiterait voir infliger à Brigitte, et de l'effet que toute cette affaire a produit sur elle.

Il serait pénible pour Tallie de revivre ces moments, mais ensuite elle n'aurait plus qu'une brève déclaration à faire au juge avant que celui-ci délivre son verdict. Jim avait prévu de l'accompagner, d'autant que sa présence était requise à l'audience, puisqu'il avait mené l'enquête.

La semaine suivante, Sandra rendit visite à Tallie à son domicile. Elle fut impressionnée par le naturel et la simplicité de la réalisatrice : bien que visiblement secouée par la trahison de son assistante, la victime ne cherchait pas à dramatiser son expérience. Lorsqu'elle se leva pour prendre congé, trois heures plus tard, Sandra n'en ressentait que plus d'admiration et de respect à son égard.

Pour Tallie, cette visite fut moins éprouvante qu'elle ne l'avait craint. Sandra Zinneman, pourtant confrontée à des crimes bien plus épouvantables que celui dont elle avait été victime, avait pris la mesure de son traumatisme. Compétente et efficace, elle avait manifesté une compassion sincère.

Apparemment, elle allait recommander la peine maximale, en dépit des marchandages que Brigitte et son avocat avaient en tête. Elle ne doutait pas que le juge écouterait ses suggestions.

Tallie la remercia chaleureusement. Une fois la porte refermée, elle alla s'asseoir dans le jardin, se sentant étrangement apaisée et protégée. Le cauchemar était presque terminé. Son affaire était en de bonnes mains.

Elle pouvait enfin aller de l'avant.

Se tourner vers l'avenir et des jours meilleurs.

21

Vêtue d'un fourreau de satin rouge choisi par sa fille, les cheveux blonds rassemblés en chignon, d'élégants talons aiguilles aux pieds, Tallie était ravissante. Assise à l'arrière de la limousine noire, elle avait pourtant les sourcils froncés et une moue boudeuse.

— Je ne vois pas pourquoi il a fallu qu'on emprunte cette voiture ridicule. Et je déteste cette maudite robe. J'ai l'air bête, j'ai l'impression que mes seins vont jaillir d'un instant à l'autre, et je ne peux même pas respirer !

Jim et Maxine échangèrent un regard amusé. Cette dernière était contente qu'il soit venu. Sa mère avait été mélancolique toute la semaine à la pensée que Sam ne serait pas à son côté cette année, mais la présence de Jim la réconfortait. Ils s'étaient beaucoup vus ces trois derniers mois. Elle passait la plupart de ses week-ends avec Bobby et lui. Et Jim l'avait accompagnée à New York pour rendre visite à Maxine.

Son projet de film avançait. Le financement avait été finalisé et le tournage devait commencer en septembre.

— J'aurais dû porter du noir, marmonna-t-elle.

Maxine éclata de rire.

— Tu es magnifique, maman. Tu es une star, tu ne peux pas débarquer en 4 × 4 alors que les autres arrivent en limousine !

— Pourquoi pas ? rétorqua Tallie.

— L'année prochaine, on sort le 4 × 4, promit Jim. Ou une voiture du FBI, si tu préfères.

Tallie ne put s'empêcher de sourire. Elle détestait les mondanités, les journalistes, les photographes, les tenues de soirée et le maquillage. Tout cela lui semblait si artificiel. Elle aurait préféré suivre la cérémonie à la télévision – sauf évidemment si elle gagnait. Cependant, rien n'était moins sûr ; il semblait donc d'autant plus embarrassant d'être sur son trente et un. *L'Homme des sables* avait obtenu quatre Golden Globes, mais un oscar était une autre paire de manches !

La longue limousine ralentit, et bientôt s'immobilisa devant le tapis rouge. Il n'était plus possible de tergiverser. Maxine jeta un coup d'œil à sa mère. Elle était superbe. Elle-même portait une robe bustier blanche et une petite veste en renard. On aurait dit une jeune comédienne.

— C'est à notre tour, maman. Regarde-moi. Tu es splendide. N'oublie pas de sourire.

Jim observa cet échange avec un regard attendri. Maxine et Tallie s'entendaient merveilleusement bien, et il éprouvait une véritable affection pour la jeune fille. Ses fils étaient impressionnés qu'il sorte avec une star de Hollywood, même si Tallie n'avait ni le côté bling-bling ni le tempérament égocentrique des stars d'aujourd'hui. Elle se rendait d'ailleurs à son corps défendant à cette cérémonie des Oscars.

— Si quelqu'un t'énerve, je lui tire dessus, lui murmura-t-il à l'oreille.

Elle éclata de rire. Jim la contempla avec admiration ; elle allait rendre jalouses toutes les autres femmes présentes ce soir. Il portait quant à lui un smoking acheté exprès pour l'occasion. C'était le premier de sa garde-robe et il songeait que l'investissement n'était pas forcément mauvais, s'il devait dorénavant accompagner Tallie lors des soirées officielles. Il avait été profondément honoré que celle-ci lui demande d'être son chevalier servant. Ses fils regardaient l'événement à la télévision, tout comme sa belle-sœur et Jack Sprague, qui était resté bouche bée lorsque Jim lui avait dit qu'il se rendait aux Oscars.

Tallie descendit de voiture avec un sourire si naturel qu'il aurait pu laisser penser à ses proches que sa mauvaise volonté quelques minutes auparavant était feinte. En réalité, son savoir-faire lui venait de son bref passé d'actrice. Aussitôt, les photographes se mirent à hurler son nom, et ils s'avancèrent tous les trois sur le tapis rouge, Jim entre les deux femmes. Tallie s'arrêta devant les journalistes, répondit à quelques questions, et prit la pose tandis que les flashs crépitaient. Elle était la grâce personnifiée. Quelqu'un, cependant, demanda son nom à Jim. Il se sentit soudainement étourdi par les flashs, le bruit et l'excitation qui l'entouraient. Il comprenait pourquoi Tallie détestait ces soirées : elles étaient tout bonnement terrifiantes.

Enfin, ils purent pénétrer à l'intérieur, où on les escorta jusqu'à leurs places, au deuxième rang. Les caméras balayaient le public, s'attardant sur les visages les plus célèbres.

— Oh ! Mon Dieu, je crois que je préférerais me trouver nez à nez avec un suspect armé d'une mitraillette, souffla Jim à l'oreille de Tallie.

— Qu'est-ce que je te disais ? répondit-elle, un sourire plaqué sur les lèvres.

Néanmoins, c'était son univers professionnel et elle devait faire un effort pour y participer de temps à autre. Surtout un soir comme celui-ci. Maxine, elle, était aux anges.

— Tu es splendide, maman, répéta-t-elle en détaillant rapidement sa mère pour s'assurer que son maquillage n'avait pas coulé et que son chignon était toujours en place.

Plusieurs personnes s'approchèrent, désireuses de souhaiter bonne chance à Tallie. Des producteurs, des réalisateurs, des stars, ainsi que son agent. Elle présenta Jim à chacun d'eux. Celui-ci ne put retenir tous les noms, mais il se réjouissait de voir combien elle était reconnue et respectée parmi ses pairs. Jamais il ne s'était imaginé se trouver dans cette salle un jour – il se pinçait pour être sûr qu'il ne rêvait pas. Et paradoxalement, se tenir à côté de Tallie lui semblait incroyablement naturel.

Quand les lumières baissèrent, il se pencha vers elle pour ajouter ses vœux aux leurs. Elle lui rendit son sourire au moment où une caméra zoomait sur eux. Ni Jim ni Tallie n'eurent conscience de ce gros plan, mais, à Pasadena, la belle-sœur de Jim s'époumona devant l'écran de télévision, sautant en l'air comme une jeune fille. Jim était devenu une star pour sa famille.

— J'ai déjà eu ma part de chance, murmura Tallie tandis qu'il capturait sa main dans la sienne.

Comme toujours, la soirée s'éternisa. Toutes les catégories étaient représentées, depuis le meilleur film d'animation jusqu'au meilleur second rôle en passant par la meilleure chanson. Naturellement, le programme était conçu pour inciter les téléspectateurs à regarder la soirée jusqu'à l'apothéose finale : l'oscar du meilleur film.

La première récompense décernée à *L'Homme des sables* fut celle de la meilleure photographie. Suivit l'oscar du meilleur second rôle féminin. La jeune actrice, un des enfants chéris de Hollywood, gagna la scène tant bien que mal, titubant d'émotion dans un fourreau qui lui donnait une allure de sirène. Jim en eut le souffle coupé lorsqu'elle passa à côté d'eux, laissant une bouffée de parfum dans son sillage. Tallie lui sourit, comprenant qu'il fût impressionné. Si elle évoluait dans ce milieu depuis des années, Jim le découvrait pour la première fois. *L'Homme des sables* rafla encore deux statuettes : pour le montage et la musique. Déjà quatre oscars ! Les doigts toujours enlacés à ceux de Jim, Tallie gardait son calme, échangeant quelques mots avec Maxine de temps à autre. Elle se détendait à mesure que le temps passait. L'anxiété de Jim, en revanche, ne faisait que grandir.

Enfin arriva le moment qu'ils attendaient. L'annonce du meilleur réalisateur. Le présentateur déclina une liste de noms, et des extraits des films furent montrés à l'écran. Les caméras zoomaient tour à tour sur les nominés. Parfaitement maîtresse d'elle-même, Tallie souriait, serrant les mains de Maxine et de Jim dans les siennes. Elle était persuadée qu'elle n'allait pas l'emporter, et cela lui était égal. Sa vie actuelle la comblait. Elle n'avait qu'une hâte : celle de commencer à tourner son nouveau film. Sa passion n'avait pas besoin d'un oscar pour être stimulée.

Deux comédiens célèbres remettaient le prix, et ce fut à l'actrice de dévoiler l'identité de l'heureux élu. Tandis qu'elle ouvrait l'enveloppe de ses mains gantées de blanc, la salle retint son souffle.

— L'oscar est attribué à Tallie Jones ! s'écria la jeune femme d'un ton ravi.

Aussitôt, la bande-son du film résonna dans la salle. L'espace d'une seconde, Tallie ne comprit pas qu'elle venait de décrocher la fameuse statuette. Maxine, en larmes, applaudit à tout rompre tandis que Jim aidait Tallie à se lever.

Sous le choc, Tallie s'avança dans l'allée. Elle se retourna une fois pour regarder Jim, qui avait les larmes aux yeux, avant de reprendre son chemin avec élégance jusqu'à la scène.

Elle tint l'oscar entre ses mains un instant, ferma les yeux, et remercia en secret le ciel pour la chance qu'elle avait eue dans sa vie. Elle sentait la présence de son père auprès d'elle. Quand elle parla, d'une voix étranglée par l'émotion, le silence se fit dans la salle.

— J'aimerais remercier avant tout ma fille, Maxine, et mon père, Sam, pour leur amour et leur soutien de tous les instants. Et je voudrais aussi remercier Hunter Lloyd, où qu'il se trouve désormais, de m'avoir offert cette fantastique opportunité et de m'avoir aidée à faire ce film extraordinaire. Merci, Hunt... Merci à tous !

Elle brandit le trophée en l'air, puis quitta la scène aussi légèrement qu'elle était arrivée. Elle disparut dans les coulisses alors que le public, debout, l'ovationnait, ému par son hommage au producteur disparu. Il avait été un personnage important de Hollywood et sa mort avait marqué les esprits.

Quelques minutes plus tard, Tallie reprenait sa place. Elle embrassa Maxine et Jim, débordants de fierté. Jim exultait, bouleversé de partager avec elle cet événement qui ferait date dans sa vie.

Mais ce n'était pas fini. Après la désignation du meilleur acteur vint le clou de la cérémonie : la récompense ultime, celle du meilleur film. Et, ô surprise, *L'Homme des sables* fut sacré comme tel, mis à l'honneur pour la sixième fois de la soirée. La photo de Hunt fut projetée sur deux écrans géants tandis qu'un acteur prononçait un discours touchant sur le producteur. Tallie remonta sur scène pour recevoir le trophée en son nom. Là encore, ce fut une ovation.

Les larmes aux yeux, elle évoqua avec émotion et éloquence la carrière extraordinaire de Hunt, exprimant sa reconnaissance pour l'homme qui avait partagé sa vie professionnelle et sentimentale. Elle enverrait la statuette à Angela Morissey, pour que celle-ci la remette plus tard à son fils.

— Son souvenir restera en nous, à travers ses films. Il ne sera jamais oublié, toujours dans nos cœurs.

Et paraphrasant Horatio dans la pièce de William Shakespeare *Hamlet*, elle conclut par ces mots : « Bonne nuit, doux prince. Que des essaims d'anges te bercent de leurs chants. »

Quand elle quitta la scène, l'émotion était palpable. En dépit de la conduite de Hunt à son égard, Tallie lui avait offert un adieu d'une grande noblesse. Jim ne l'en admira que davantage. Il passa un bras autour d'elle et la serra contre lui. C'était une femme remarquable et lui, l'homme le plus heureux du monde. Maxine souriait, les joues striées de larmes.

Comme l'exigeait la coutume, ils firent une apparition à deux des multiples réceptions qui suivaient l'événement. Bientôt, Tallie annonça à Maxine qu'ils rentraient ; la voiture reviendrait la chercher plus tard. Sa fille n'était guère pressée de partir : elle s'amusait follement, entourée d'un groupe de jeunes gens qu'elle connaissait, dont un acteur séduisant qui flirtait avec elle. Tallie partit rayonnante au bras de Jim, sous les crépitements des flashs.

Une fois dans la voiture, elle se laissa aller contre le siège et poussa un soupir de soulagement.

— Ça a été un moment inoubliable, déclara Jim en souriant, avant de se pencher pour l'embrasser. Et tu es fantastique. Je suis tellement fier de toi !

Un instant, elle songea à son père. Lui aussi aurait été fier. Heureusement, elle avait Jim pour la protéger à présent. Il était un don inattendu, après toutes ses déconvenues.

— Moi aussi, j'ai été fière de toi ce soir, souffla-t-elle en plongeant son regard dans le sien. Merci de m'avoir accompagnée.

Il ne sut que répondre. Il adorait sa modestie, sa simplicité, son intégrité, il adorait tout en elle. Incapable de formuler en mots ce qu'il éprouvait, il l'embrassa de nouveau.

— Merci.

Elle lui rendit son baiser.

Arrivés à la maison, ils renvoyèrent la limousine pour Maxine, et Tallie se tourna vers lui en riant.

— Le carrosse vient de se changer en citrouille et les cochers en souris. Je crois que je préfère ça.

Il rit à son tour.

— Je sais. Je t'aime, Cendrillon.

— Moi aussi, je t'aime, murmura-t-elle.

Les mensonges et les tromperies du passé n'étaient plus qu'un lointain souvenir. Tallie avait enfin trouvé l'homme de sa vie.

Epilogue

Une semaine après la cérémonie, Brigitte Parker fut condamnée à dix-huit ans de réclusion. S'appuyant sur le rapport du contrôleur judiciaire, le juge lui refusa la confusion des peines. Elle se vit donc infliger douze ans de détention pour l'assassinat de Hunter Lloyd, et six pour le détournement de fonds.

Tallie put recouvrer environ un tiers de la somme qui lui avait été volée grâce à la liquidation des biens de son assistante. L'argent provenant de la vente de la propriété de Mulholland Drive fut quant à lui retenu par le fisc pour fraude fiscale.

Un an plus tard, Tallie Jones et Jim Kingston se marièrent sur la plage, à Hawaï, en présence de leurs enfants.

A peu près à la même époque, Victor Carson épousait à Las Vegas un jeune mannequin russe de vingt-trois ans.

Vous avez aimé ce livre ?
Vous souhaitez en savoir plus sur Danielle STEEL ?
Devenez, gratuitement et sans engagement, membre du
CLUB DES AMIS DE DANIELLE STEEL
et recevez une photo en couleur dédicacée.

Pour cela il suffit de vous inscrire sur le site
www.danielle-steel.fr
ou de nous renvoyer ce bon accompagné d'une enveloppe
timbrée à vos noms et adresse au
Club des Amis de Danielle Steel
– 12, avenue d'Italie – 75627 PARIS CEDEX 13

Monsieur – Madame – Mademoiselle

NOM :
PRÉNOM :
ADRESSE :

CODE POSTAL :
VILLE :
Pays :

E-mail :
Téléphone :
Date de naissance :
Profession :

La liste de tous les romans de Danielle Steel publiés aux Presses de la Cité se trouve au début de cet ouvrage. Si un ou plusieurs titres vous manquent, commandez-les à votre libraire. Au cas où celui-ci ne pourrait obtenir le ou les livres que vous désirez, si vous résidez en France métropolitaine, écrivez-nous pour le ou les acquérir par l'intermédiaire du Club.

Composé par Nord Compo Multimédia
7, rue de Fives, 59650 Villeneuve-d'Ascq.

Cet ouvrage a été imprimé au Canada par

MARQUIS

Québec, Canada

à Montmagny (Québec)
en août 2013

Nº d'impression : 71995
Dépôt légal : septembre 2013